Massimo Soldatelli

La Chiesa di Santa Croce in Nepi

Massimo Soldatelli

La Chiesa di Santa Croce in Nepi

Relazione delle indagini storiche e metrologiche. Documenti d'archivio.

Edizioni Sant'Antonio

Imprint
Any brand names and product names mentioned in this book are subject to trademark, brand or patent protection and are trademarks or registered trademarks of their respective holders. The use of brand names, product names, common names, trade names, product descriptions etc. even without a particular marking in this work is in no way to be construed to mean that such names may be regarded as unrestricted in respect of trademark and brand protection legislation and could thus be used by anyone.

Cover image: www.ingimage.com

Publisher:
Edizioni Accademiche Italiane
is a trademark of
International Book Market Service Ltd., member of OmniScriptum Publishing Group
17 Meldrum Street, Beau Bassin 71504, Mauritius

Printed at: see last page
ISBN: 978-613-8-39254-5

MASSIMO SOLDATELLI

Santa Croce in Nepi.

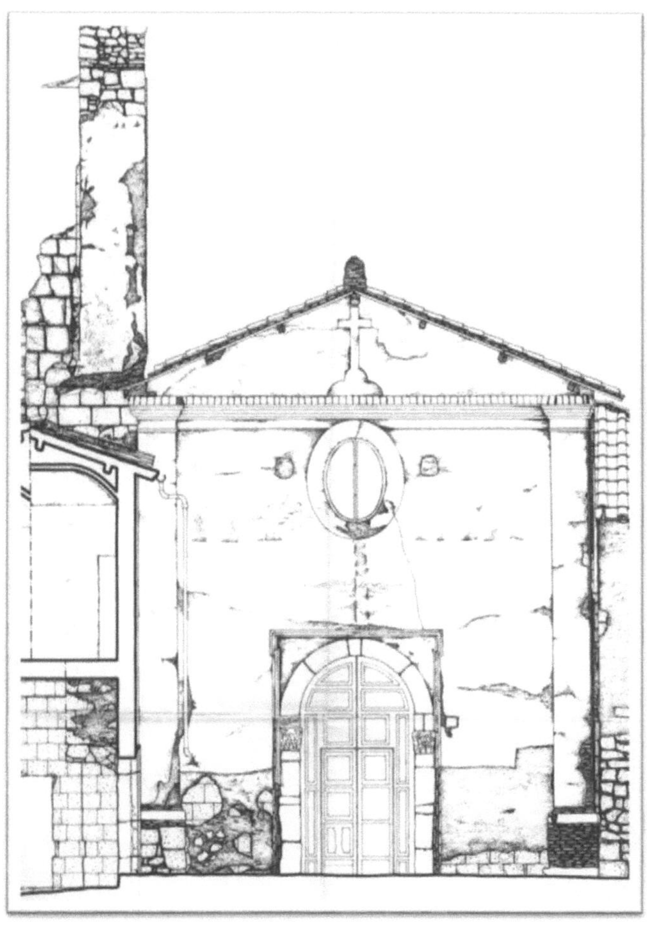

Relazione delle indagini storiche e metrologiche. Documenti d'archivio.

... ricacciati indietro dalle campagne sempre più
velocemente percorse,
rattristati dalle periferie senza volto,
presto non avremo altro rifugio che il centro
antico delle nostre città dove i nostri
sguardi potranno incontrare forme
familiari e dove i nostri spiriti potranno
ritrovare quelli dei nostri padri.

John RUSKIN

PREMESSA

Nel febbraio del 1992 dopo aver avuto il permesso da parte di Mons. Silvestro D'Orazi allora parroco di San Silvestro nonché di San Biagio e Santa Croce, edifici che facevano parte della stessa parrocchia, entrai all'interno della chiesa di Santa Croce.

Il pavimento della navata era occupato da una montagna di macerie ricoperte da una rigogliosa vegetazione: una capriata era caduta e tutta la porzione centrale del tetto, pianelle tegole e travetti erano sul pavimento, la capriata caduta era rimasta appoggiata sulla parete della cappella di San Pasquale Bajlon.

Iniziarono così due anni di accurate ricerche archivistiche e di analisi sul monumento, che attraverso un rilievo preciso e minuzioso mi hanno portato alla conoscenza profonda dell'edificio, delle sue fasi storiche e delle evoluzioni stilistiche che ho riportato nella precedente pubblicazione: *La Chiesa di Santa Croce in Nepi - Relazione delle indagini storiche e metrologiche*, edita nel 2001 dall'Associazione Culturale Antiquaviva, nel Bollettino n° 14 in occasione del Palio del Saracino di quell'anno.

Oggi, a distanza di alcuni anni dalla pubblicazione di quel lavoro, per completarlo in maniera più precisa e approfondita e per una maggiore conoscenza del monumento mi è sembrato giusto riproporlo rivisto nella veste grafica e ampliato, inserendo la trascrizione di tutti i documenti consultati, i disegni originali del rilievo e le fotografie che nella prima pubblicazione non erano state incluse.

Per quanto riguarda i documenti dell'archivio comunale di Nepi, in particolare gli atti notarili, sono indicati nelle note secondo la vecchia catalogazione dell'Archivio Comunale.

I documenti ritrovati e studiati negli archivi della diocesi, che erano divisi tra Sutri e Nepi, sono riportati con la collocazione precedente alla nuova catalogazione.

La lettura dei documenti di archivio ci dà una visione del monumento fissata nel tempo, riusciamo a vedere con gli occhi del visitatore apostolico, il Vescovo di Rieti Alfonso Binelarini, la chiesa com'era nel 1574. Più tardi, nel 1618, abbiamo l'immagine del monumento lasciataci dal Vescovo Dionisio De Martinis, nel resoconto della Visita Pastorale Generale di Nepi e Sutri. Ma è nel 1757 con l'inventario redatto da Monsignor Melata, allora Arcivescovo di Santa Croce, che possiamo veramente visitare l'edificio sacro e ammirare tutto ciò che con dovizia di particolari egli ci mostra.

Un'altra serie di documenti ci forniscono aspetti e immagini istantanee di quella che era la vita che girava intorno all'Ospedale e la Chiesa di Santa Croce le cui storie vanno di pari passo almeno dal XIV secolo fino agli anni settanta del novecento.

Nepi, 30 marzo 2017

Massimo Soldatelli

**Nepi, Santa Croce,
l'interno dell'edificio come si presentava
nel febbraio 1992.
Nella foto a lato, la capriata come era
posizionata dopo il crollo**

Foto anno 1992, Arch. Massimo Soldatelli. Archivio personale.

INTRODUZIONE

L'edificio chiesastico di Santa Croce si trova ubicato nella parte nord-est del centro storico di Nepi a ridosso di uno degli antichi assi viari che dipanandosi dalla Via Amerina, arteria stradale principale in direzione nord-sud, attraversava orizzontalmente il tessuto urbano della città.

La sua seicentesca facciata prospetta sul lato orientale della piazzetta dell'Ospedale intitolato anch'esso alla Santa Croce.

Incastonata tra le abitazioni e l'Ospedale, circondata a sud da un muro che delimita un piccolo terreno a uso d'orto, questa bellissima testimonianza dell'architettura e della decorazione romanica, rimane nascosta alla vista dei più.

Le sue strutture ci raccontano la storia di un susseguirsi di fasi costruttive ed evolutive che vanno probabilmente dal secolo IX-X al secolo XX. In quest'ampio spazio temporale la costruzione è passata, come è naturale, anche attraverso esperienze traumatiche di crolli, successive ricostruzioni, cambiamenti strutturali e variazioni stilistiche. Queste sono state in parte dovute anche a esigenze di spazio della Confraternita della Disciplina poi diventata del Gonfalone, la quale gestiva l'Ospedale e aveva la cura della chiesa.

In questo suo percorso nel tempo e nella storia il monumento descrive, nella sua conformazione tipologica e strutturale, due momenti principali.

Il primo è quello della chiesa romanica, rimasto integro, nella sua plastica composizione, solo nell'abside decorato con capitelli bicorporati e con una suggestiva corona di piccoli archi poggianti su mensole aggettanti in pietra, posizionate al disopra di una decorazione di blocchi di tufo intonacati e disposti a "denti di sega".

Il secondo è quello della chiesa settecentesca, nella sua conformazione planimetrica attuale, con la pianta a croce greca evidenziatasi dopo la costruzione delle due cappelle laterali. La cappella di destra, dedicata a San Pasquale Bajlon, costruita nel 1726 in seguito di proprietà della famiglia Brunetti e quella di sinistra, dedicata a Sant'Anna e San Luigi Gonzaga di proprietà della famiglia Melata, la cui costruzione fu terminata nel 1750.

Le due cappelle con i loro colori e il modellato degli stucchi tipici del periodo tardo barocco sono rimaste, soprattutto quella dedicata a San Pasquale Bajlon, integre nella loro struttura, negli ornamenti plastici e nei colori.

Il monumento resta vivo e liturgicamente utilizzato per circa novecento anni fino a quando, verso la fine degli anni '50 del novecento, non è più usata per le celebrazioni quotidiane. In seguito l'edificio fu usato come deposito di materiale edile e poi abbandonata completamente.

Da questo momento inizia un lento stato di declino che culmina nel 1970, con il crollo della copertura della cosiddetta "Sagrestia Nuova". Il 7 maggio 1980 una capriata cede e la parte centrale della navata rimane scoperta, mentre la copertura del campanile era già andata in rovina in precedenza. Il tetto della "Sagrestia Vecchia", seppur pericolante, resiste tutt'ora e continua a proteggere parzialmente l'edificio.

L'assenza di parte del tetto, con relativo dilavamento delle pareti e allagamento dei pavimenti, ha permesso negli anni alle forze della natura di divorare le strutture della chiesa.

Ormai abbandonato al suo destino, nonostante susciti sempre l'interesse di tanti appassionati di storia locale, la chiesa è chiusa al pubblico da tempo immemorabile e oggi l'edificio giace in uno stato di completo abbandono.

Attualmente dell'edificio di Santa Croce possiamo solo ammirare quello che romanticamente Ruskin, nella sua teoria sul restauro dei monumenti, definiva *valore pittoresco*.

A questo proposito riporto alcune parole di John Ruskin (1819-1900), piacevoli e sempre vive, tratte dal suo libro *The Seven Lamps of Architecture*[1], siamo nel 1849:

[...]
XVIII)[...]Due doveri si impongono verso l'architettura nazionale; il primo è di rendere storica l'architettura della propria epoca, il secondo di conservare come la più preziosa eredità quella dei secoli passati. [...]
[...]
XIX) [...]Curate i vostri monumenti e non avrete nessun bisogno di restaurare. Qualche foglio di piombo messo a tempo debito sul tetto. L'opportuna pulizia da qualche tralcio o detriti di legno che ostruiscono un condotto, salveranno dalla rovina muraglie e copertura. Vegliate con occhio vigile su un vecchio edificio conservatelo facendo del vostro meglio e con tutti i mezzi salvatelo da qualsiasi causa di sgretolamento. Concatenate le pietre come fareste per i gioielli di una corona, metteteci guardiani come ne mettereste alla porta di una città prigioniera; legatelo con del ferro, quando si disgrega, sostenetelo con delle travi quando sprofonda, non vi preoccupate della bruttezza del soccorso che gli portate: val meglio zoppicare che perdere una gamba.
Fatelo con tenerezza, rispetto, vigilanza incessante, e più di una generazione nascerà e scomparirà all'ombra dei suoi muri. La sua ultima ora infine suonerà: ma che suoni apertamente e francamente e che nessuna sostituzione disonorante e falsa lo privi dei doveri funebri del ricordo.
[...]
XX) [...] la conservazione dei monumenti del passato non è una semplice questione di convenienza o di sentimento. Essi appartengono in parte a chi li ha costruiti, in parte a tutte le generazioni che verranno dopo di noi. I morti hanno ancora dei diritti su di essi e noi non abbiamo il diritto di distruggere il fine della loro fatica [...]
[...]
XVI) [...] è infatti nella caducità che si trova il pittoresco, è infine nelle rovine che consiste; quando lo si cerca in esse, lo si ritrova unicamente nel sublime delle crete o delle sbrecciature, nel sublime della patina e della vegetazione che fanno somigliare l'architettura alle opere della natura ed alle forme di cui stupiscono universalmente gli occhi dell'uomo. [...].

A conclusione di questa breve introduzione voglio citare e fare mie, le parole di fiducia con cui Padre Balduino Bedini nell'agosto del 1956 terminava il suo studio su Falerii Novi e la Chiesa di Santa Maria Di Fàlleri allora allo stato di rudere:

1 RUSKIN, John, *The seven lamps of architecture*, Smith Elder&Co, London, 1855 (2°edizione).

[...]Risorgerà? Noi osiamo crederlo: molte promesse sono state fatte e troppi motivi lo esigono. Non si può permettere che vada in rovina definitiva un monumento così raro [...][2].

Queste frasi sono state di buon auspicio per Santa Maria di Fàlleri, anche se sono passati altri trent'anni circa, prima che negli anni '90 del novecento un esemplare lavoro di restauro ha riportato la chiesa ai suoi antichi fasti.

La speranza è che possa succedere la stessa cosa con Santa Croce, magari in un lasso di tempo più breve.

2 P. BEDINI, B., S. O. CIST., *Faleri, la sua storia i suoi marttiri la sua chiesa*, Collana storica "Pian Paradisi", Studi di storia della chiesa dell'alto Lazio, Edizioni Pian Paradisi, Civita Castellana 1956, pp. 60-61.

Nepi, Santa Croce, prospetto est, particolare dell'abside, rilievo architettonico, anno 1992.
Disegno originale in scala 1:50, Arch. Massimo Soldatelli. Archivio personale.

IL MONUMENTO NEL TESSUTO DELLA CITTA'.

- **Ricostruzione degli antichi assi viari e ubicazione degli edifici sacri.**

La ricostruzione degli antichi assi viari[3] della città di Nepi individua quattro tracciati stradali principali che partendo dalla Via Amerina attraversavano l'abitato in direzione est-ovest.

---

3 RUSTICO, Letizia, *Rinvenimenti antichi nel sotterraneo del castello di Nepi,* in "Archeologia Classica", Rivista del Dipartimento di Scienze storiche archeologiche e antropologiche dell'antichità. Sezione di Archeologia e storia dell'arte greca, romana e tardo antica e di Etruscologia e antichità italiche. vol. XXXVIII-XL, L'Erma di Bretschneider, Roma, 1986 - 1988, pp. 70-73.

"[...] Uno dei due sotterranei del castello medioevale di Nepi è stato di recente reso agibile dall'opera di sgombero della terra di riporto che ostruiva in gran parte l'ambiente, rendendolo inaccessibile.
La pulizia ha rilevato l'esistenza nell'ambiente di alcune strutture di notevole entità: un fornice di ingresso che si apriva nel lato sud-occidentale delle mura antiche con cospicui avanzi della via basolata che da questo lato entrava in città, si tratta del principale asse di attraversamento nord-sud della città che aveva la funzione di percorso di raccordo con la viabilità principale, esterna alle mura, rappresentata dalla via Amerina; i resti di una seconda porta urbica costruita con materiale antico reimpiegato; ed infine un arco a sesto rialzato sul cui intradosso si osservano tracce di affresco raffigurante una serie di almeno tre figure di santi.
Il rinvenimento della porta antica unitamente agli altri resti delle fortificazioni permette di ricostruire l'andamento delle mura almeno per una parte del loro percorso, mentre l'identificazione dell'ingresso di uno degli assi viari principali, consente di ipotizzare il percorso seguito in città, contribuendo alla conoscenza di essenziali elementi dell'antica topografia urbana.
I resti della strada basolata non si osservano per tutto il piano del sotterraneo, ma si distinguono in tre diversi tratti.
Il primo, tra le due porte, è costituito da grossi basoli, in discreto stato di conservazione, con la presenza di alcune rappezzature in pietre più piccole; esso è lungo m. 6,10 e largo m. 2.70 circa. Mancano alcuni basoli, mentre altri recano tracce dei solchi di carri non allineati tra loro.
Poiché questo tratto è l'unico dei tre ad essere compreso tra due murature antiche di blocchi di tufo rosso, esso indica sicuramente la direzione mantenuta dal percorso antico.
Al centro del sotterraneo è un'altra parte di strada: i basoli che la compongono sono ridotti in frantumi, mentre se ne osservano molti frammenti riutilizzati nelle murature medioevali circostanti questa parte di strada. Il terzo tratto è visibile per una lunghezza di m. 7,90 ed una larghezza massima di m. 3,30. I basoli si presentano bene accostati e la tessitura di questa parte del lastricato è accurata. Anche qui si osservano i solchi lasciati dai carri, localizzabili però solo su un lato della strada.
Il basolata si interrompe all'altezza della scalinata che dal sotterraneo conduce ai piani superiori del castello; ma il fatto che la muratura delle scale si sia insediata sulla strada, dimostra che essa è ancora conservata al disotto.
Quest'ultima parte di rada non è allineata con i tratti precedenti, ma devia leggermente verso nord-est. Anche l'andamento del sotterraneo riprende questa deviazione ed è quindi probabile che esso sia sovrapposto ad antichi resti esistenti, riprendendo l'orientamento del percorso viario.
Il cambiamento di direzione della strada all'interno del sotterraneo e alcuni ritrovamenti sporadici avvenuti durante l'installazione del metano nella via ad est del lato lungo orientale del castello (Via delle Colonnette), consente di stabilire l'andamento dell'asse stradale in città. Esso, infatti, ricalcando via delle Colonnette, sboccava in direzione della piazza del duomo. Questo doveva essere il punto di incrocio degli altri percorsi principali che entravano in città dal lato ovest delle mura, l'unico non difeso naturalmente dalla particolare conformazione morfologica del pianoro su cui sorge Nepi. Il sito, infatti, costituito da una lingua di terra isolata da pareti tagliate a picco, alla confluenza di due corsi d'acqua, unita, infine solo sul lato occidentale alla campagna circostante mediante un'ampia sella. Questo tipo di paesaggio offre due sole possibilità di collegamento nord-sud: la costruzione di un grande ponte o l'aggiramento dell'ostacolo mediante una circonvallazione.
La seconda soluzione fu forse quella per cui optarono gli antichi costruttori e che viene ancora oggi adottata (Via XX Settembre). La presenza di un eventuale ponte,

La Via Amerina sfruttando la sella ad ovest del centro abitato, ne evitava il difficile attraversamento in direzione nord-sud. Si costituiva così una viabilità esterna all'abitato di lunga percorrenza ed una viabilità interna di servizio, conforme alla morfologia del luogo con due assi più esterni nel settore settentrionale e nel settore meridionale della città, e due interni, uno dei quali rappresentava il principale asse viario collegante Nepi in direzione est-ovest. Tutti gli edifici sacri sorgono a ridosso di questi assi principali.

La Chiesa di S. Croce è situata nella parte nord dell'abitato, occupa un terreno che fiancheggia la valle formata dal torrente Falisco. Sorge a ridosso di quello che era l'asse di viabilità esterna che correva a nord dell'abitato in direzione est-ovest, partendo dalla Via Amerina arrivava all'estremità est della città parallelo al principale asse viario centrale che attraversava il tessuto urbano.

---

di cui peraltro non sarebbe rimasta alcuna traccia, potrebbe ritenersi superflua se si accettasse l'ipotesi di un alternativo e più diretto percorso della Via Amerina che, sfruttando la sella ad ovest del centro abitato, n'evitasse il forzoso e difficile attraversamento.

Veniva così a costituirsi una viabilità esterna all'abitato, più scorrevole e di lunga percorrenza ed una viabilità interna, di servizio, conforme alla morfologia del luogo, che si ricongiungeva alla prima estremità settentrionale della sella.

Il principale asse viario collegante Nepi in direzione est-ovest entrava da un punto non più rintracciabile nel lato occidentale delle fortificazioni; il suo percorso non è facilmente riconoscibile a causa di unaserie di sventramenti urbanistici operati da Antonio Sangallo il Giovane intorno alla metà del 1500 (Via G. Matteotti e Via G. Garibaldi).

E' tuttavia probabile che questa strada, dopo aver attraversato l'attuale piazza del Duomo, corresse parallelamente a Via Garibaldi, poco più a sud.

Le presenze archeologiche lungo l'attuale strada, Via Termo Larte, indicano che si tratta di una strada sicuramente antica, probabilmente a carattere secondario; essa serviva in direzione est-ovest il settore meridionale della città, entrando dall'estremità sud -occidentale del circuito murario. Altre vie perpendicolari a Via Termo Larte si diramavano in direzione nord, verso il centro della città [...]".

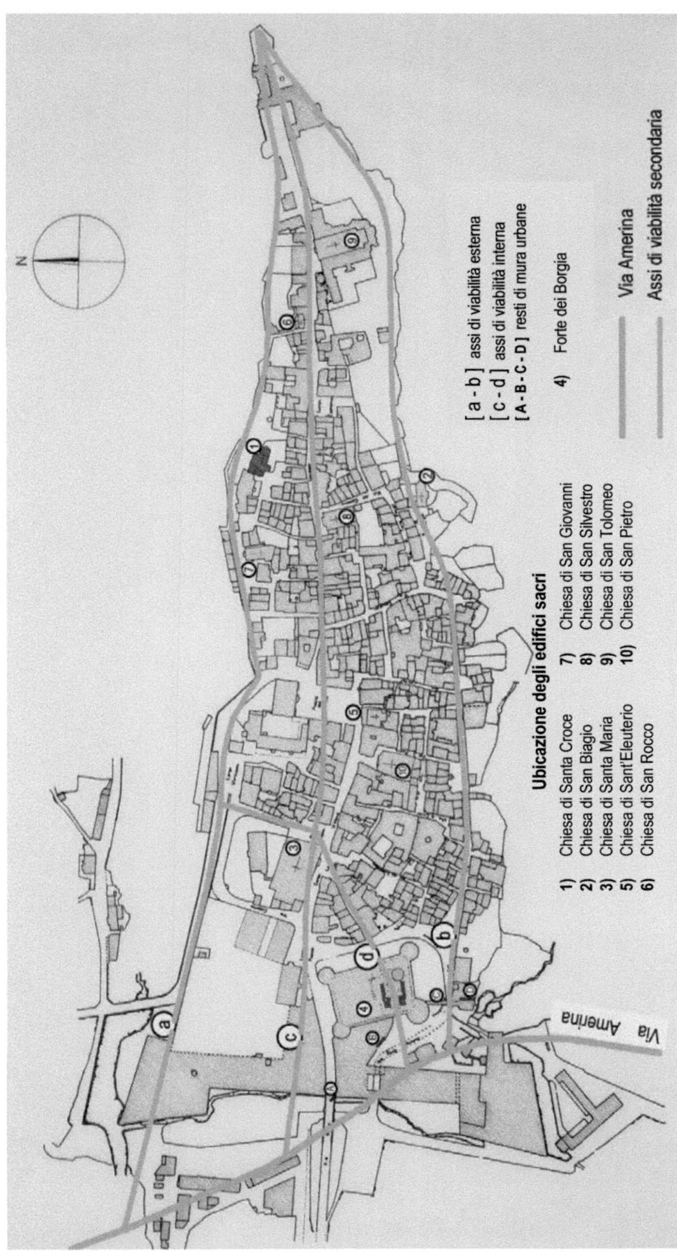

Nepi, sviluppo planimetrico della città con indicazioni dei principali assi viari e monumenti chiesastici .
Arch. Massimo Soldatelli. Archivio personale.

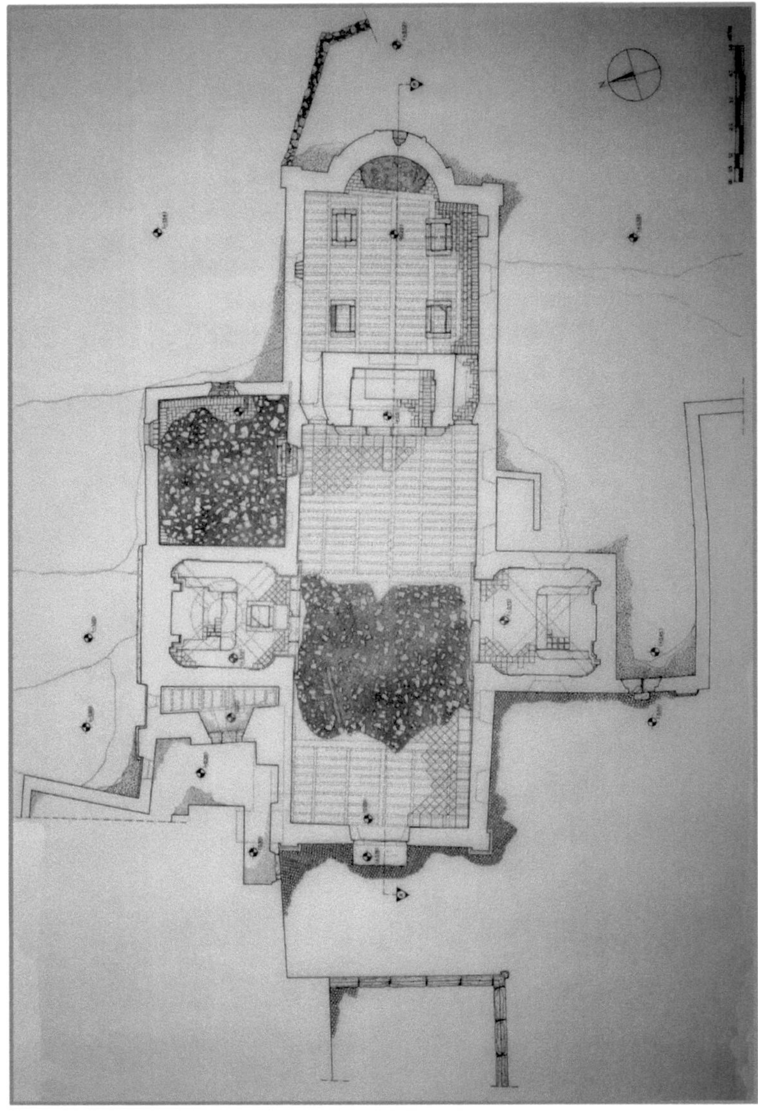

Nepi, Santa Croce, pianta, rilievo architettonico, anno 1992.
Disegno originale in scala 1:50, Arch. Massimo Soldatelli. Archivio personale.

Nepi, Santa Croce, sezione A-A, rilievo architettonico, anno 1992.
Disegno originale in scala 1:50, Arch. Massimo Soldatelli. Archivio personale.

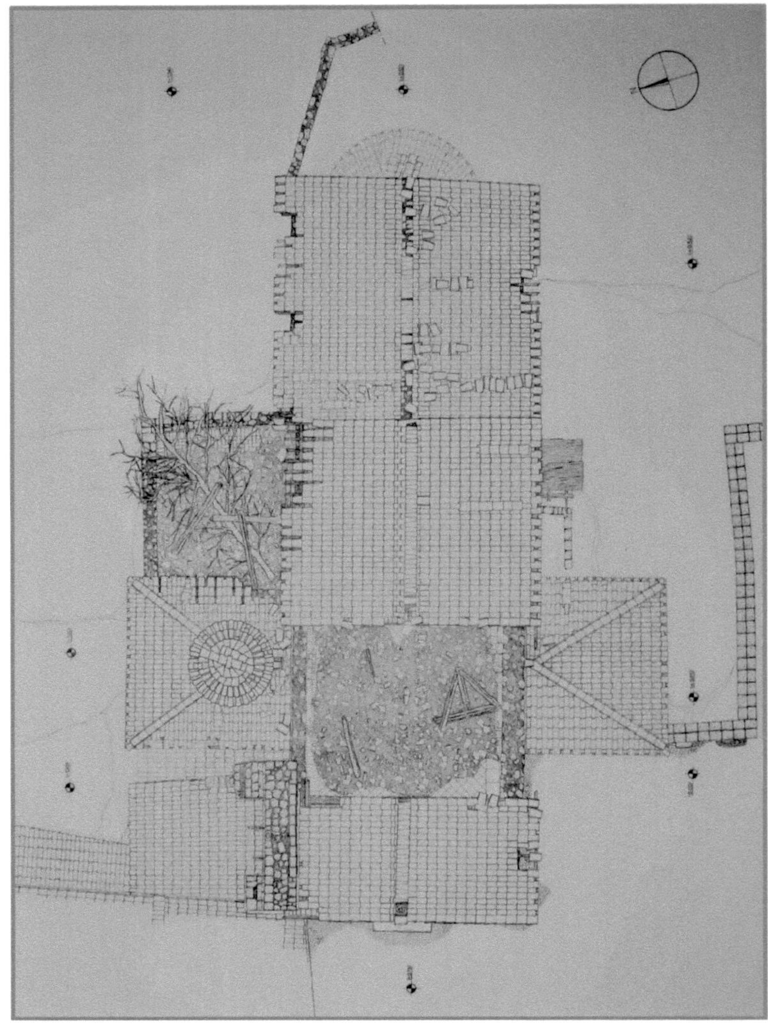

Nepi, Santa Croce, pianta coperture, rilievo architettonico, anno 1992.
Disegno originale in scala 1:50, Arch. Massimo Soldatelli. Archivio personale.

Nepi, Santa Croce, prospetto ovest, rilievo architettonico, anno 1992.
Disegno originale in scala 1:50, Arch. Massimo Soldatelli. Archivio personale.

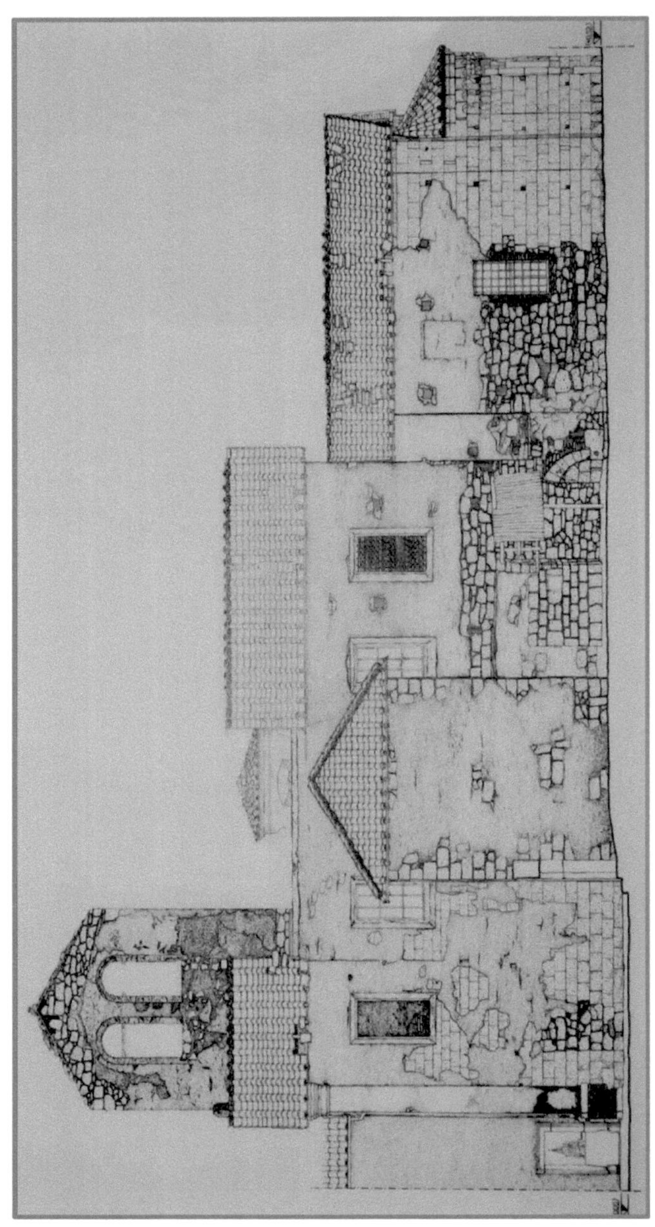

Nepi, Santa Croce, prospetto sud, rilievo architettonico, anno 1992.
Disegno originale in scala 1:50, Arch. Massimo Soldatelli. Archivio personale.

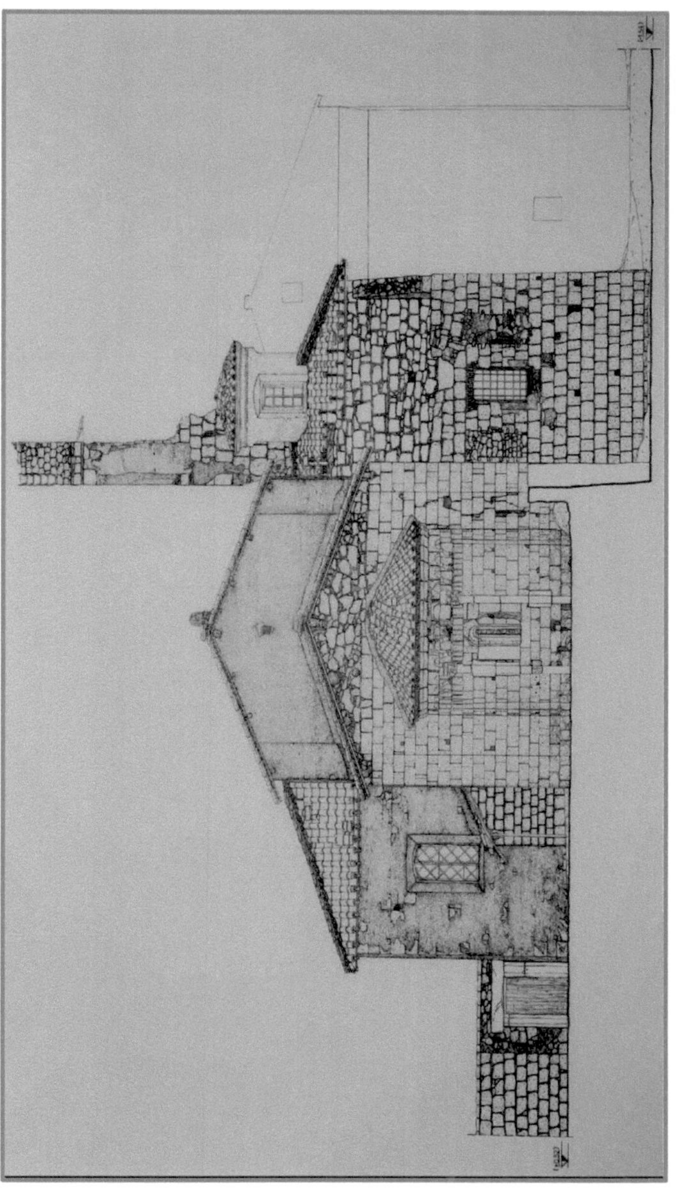

Nepi, Santa Croce, prospetto est, rilievo architettonico, anno 1992.
Disegno originale in scala 1:50, Arch. Massimo Soldatelli. Archivio personale.

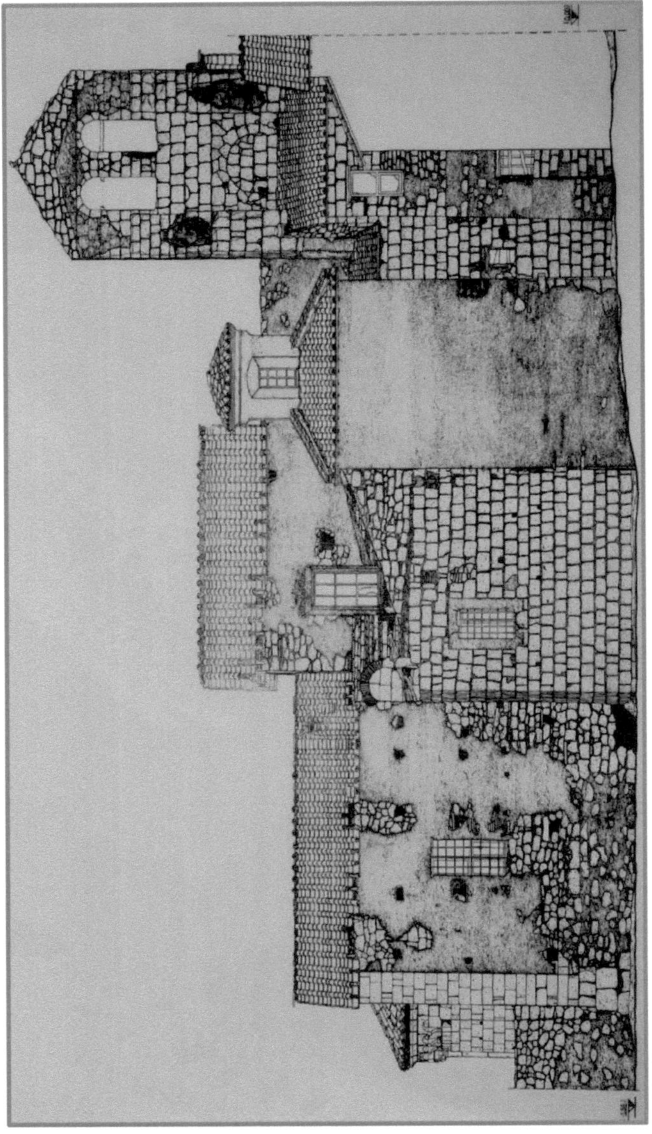

Nepi, Santa Croce, prospetto nord, rilievo architettonico, anno 1992.
Disegno originale in scala 1:50, Arch. Massimo Soldatelli. Archivio personale.

SUCCESSIONE DELLE FASI COSTRUTTIVE, SVILUPPO CROLOGICO DEL MONUMENTO

La datazione dei diversi tipi d'apparecchiature murarie, l'indagine metrologica e geometrico-proporzionale, i documenti esaminati, permettono di individuare le fasi costruttive del monumento che si sviluppano in otto momenti principali. Di seguito sarà esaminato il succedersi delle fasi costruttive e le relative restituzioni ipotetiche fino ad arrivare alla conformazione attuale dell'edificio.

1. EVOLUZIONE DELL'EDIFICIO DAL SECOLO IX ALLA PRIMA METÀ DEL SECOLO XII

I Fase costruttiva - Precedente al XII secolo (IX - X secolo).

Testimonianza di questa prima fase e quindi dell'edificio originale, è la struttura muraria che si trova nella parte centrale della parete nord, dove sono visibili tre finestre ad arco tamponate. Un'altra parte più piccola, della stessa muratura, si trova inglobata nella parete sud. In questa porzione di muro è visibile fino al concio d'imposta, la parte destra di una porta ad arco anch'essa tamponata. La muratura databile anteriormente al XII secolo, potrebbe essere opera di maestranze veronesi o forse locali che riproponevano una tessitura con strati alternati di tufo e cotto tipica dell'architettura veronese.[4] Allo stato attuale non è possibile formulare nessuna ipotesi circa la planimetria della costruzione.

- **Analisi della muratura precedente al XII secolo.**

Struttura muraria a "sacco" dello spessore di cm. 52, con paramenti di contenimento costituiti da corsi alternati di conci di tufo e laterizi. I laterizi impiegati, probabilmente derivati da materiale di recupero, sono pezzi di mattone non tutti dello stesso spessore e frammenti d'embrice non tutti delle stesse dimensioni. Gli embrici, spezzati in senso longitudinale, sono usati nella muratura in sostituzione dei mattoni, lasciando a vista la parte esterna più alta come se fosse la costa del mattone. I conci di tufo, non perfettamente squadrati e di spessore disuguale sono sia di tufo litoide a scorie nere "Sabatini" che di tufo biancastro (Ignimbrite trachitica biancastra). I conci di spessore maggiore, presentano un incavo nella parte inferiore in modo da entrare all'interno degli embrici, rimanendo a filo della muratura e consentendo il ripetersi delle file di laterizio ogni circa diciassette centimetri in altezza, un piede germanico ogni due ricorsi. Questo tipo d'apparecchiatura muraria in *opus vittatum mixtum*, si trova nella parte centrale della parete nord e rappresenta una fascia di muratura visibile, che va dalla quota dove si trovava il soffitto della sacrestia, crollato nel 1980, fino a tre quarti circa dell'attuale finestra della navata. E' visibile in parte per la caduta dell'intonaco settecentesco ed in parte per la caduta della copertura della sacrestia. Questa porzione nascosta dalla copertura, rimaneva nello spazio che si veniva a

4 Voce *Romanico* in "Enciclopedia Universale dell'Arte", vol. XI, Venezia-Roma 1963, coll. 744,745.

creare tra il soffitto ed il tetto e non è mai stata intonacata, mentre inferiormente la muratura è coperta dall'intonaco.

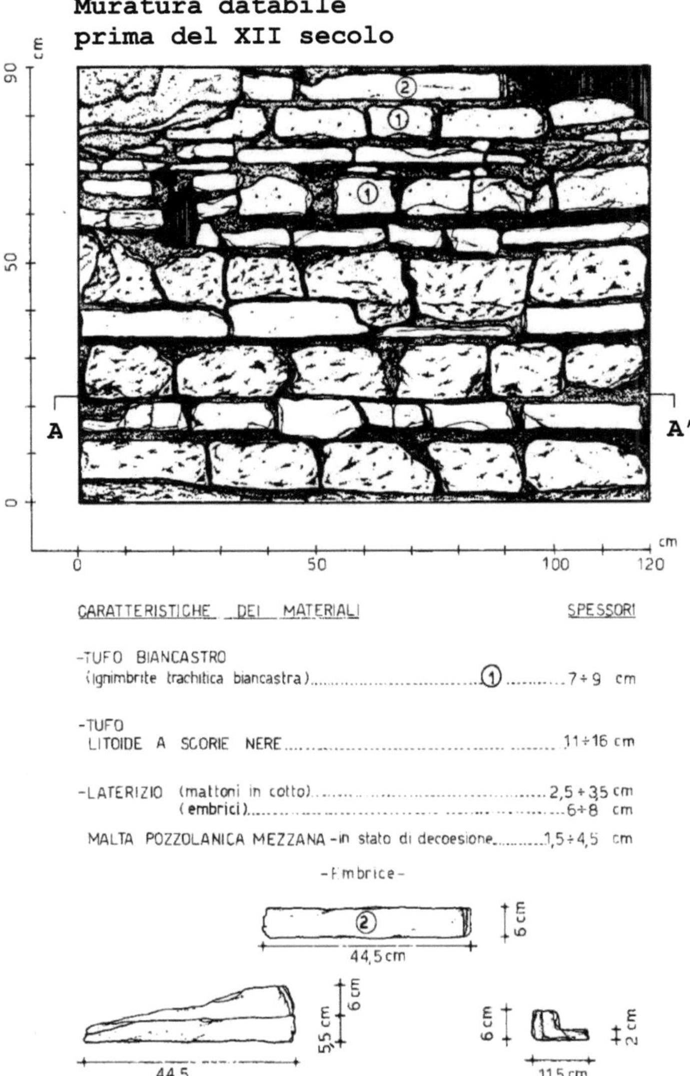

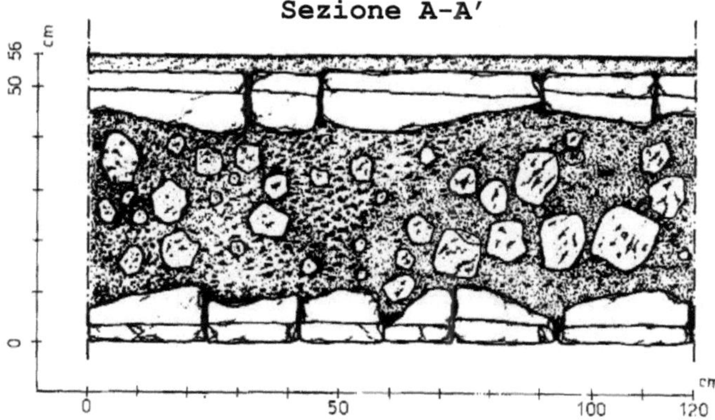

In questa muratura sono presenti tre finestre ad arco murate.

Un'altra parte molto piccola della stessa muratura si trova inglobata nella parete sud. In questa porzione di muro è visibile fino al concio d'imposta la parte destra di una porta ad arco. La parte inferiore dell'apertura è coperta dal terrazzamento costruito nel primo quarto del XVIII secolo ed anche questa apertura, come le finestre della parete nord, è stata murata.

E' possibile datare questa struttura muraria prima del XII secolo e probabilmente al IX-X secolo attraverso tre indagini:

1. analisi della muratura con cui sono state chiuse le tre finestre ad arco;
2. la similitudine con la muratura antecedente al XII secolo della cattedrale di Nepi[5];
3. l'indagine metrologica eseguita sulle finestre presenti nella parete nord e sulla parte destra della porta ad arco presente nella parete sud.

1. Analisi della muratura che chiude le tre finestre ad arco.

La muratura con cui sono chiuse le finestre della parete nord e la porta ad arco che si trova nella parete sud, è databile con precisione. Essa risale alla prima metà del XII secolo. Tale muratura è la medesima dell'abside, della parete est ed è in parte visibile nella parete sud.

La chiusura delle finestre e dell'arco potrebbe essere la testimonianza di un riassetto dell'edificio avvenuto nella prima metà del XII secolo, inglobando così nella nuova struttura muraria le

5 FIOCCHI NICOLAI, Vincenzo, *Ricerche sulle origini della cattedrale di Nepi*, in "Archeologia Laziale", III, Roma 1980, p. 223, p. 226, n. 12.
"[…] L'edificio attuale, ampliamente rimaneggiato in epoca moderna, non può risalire nelle fasi più antiche superstiti (cripta ad oratorio, muro perimetrale della navata sinistra, muro di facciata) oltre la metà del XII secolo, sebbene la parte inferiore del muro di facciata (oggi in parte nascosto dall'intonacatura moderna) mostri una muratura laterizia sicuramente antecedente alla struttura superiore medioevale, muratura che forse può attribuirsi a qualcosa di preesistente molto più antico. Del resto la presenza di una cattedrale si deve pur ipotizzare almeno dal V secolo, quando, come si è visto, si hanno le prime testimonianze dell'episcopato. [...]"

parti dell'edificio precedente. E' da escludere, una riutilizzazione di conci del XII secolo avvenuta in epoche successive, poiché in questa muratura si riscontrano le stesse caratteristiche di quella dell'abside e della parete est, cioè la misura dei conci perfettamente uguale in tutte le parti della muratura dello stesso periodo, il taglio perfetto degli stessi, lo stesso spessore dei letti di malta e soprattutto la stessa malta; vale a dire una malta finissima di sabbia e calce con piccolissimi inerti di terracotta.

Tutti gli altri apparecchi murari della chiesa presentano invece sempre conci murati con malta pozzolanica.

2. Confronto della muratura antecedente al XII secolo con quella della cattedrale di Nepi.

La similitudine con la muratura laterizia della parte inferiore del muro di facciata della cattedrale, che può attribuirsi a qualcosa di preesistente o più antico e sicuramente antecedente alla struttura superiore, databile non oltre la metà del XII secolo, si ritrova nello stesso uso dell'embrice in sostituzione del mattone. La quasi totalità della parte visibile del paramento murario di contenimento è costruito con pezzi d'embrice.

Nella tessitura laterizia di quest'apparecchiatura muraria, si è riscontrato un modulo costruttivo con valore medio di cm. 32[6].

3. Indagine metrologica

L'uso del piede carolingio o più propriamente "germanico", si può riscontrare fin dall'età paleocristiana, come ad esempio nella struttura muraria della basilica antistante il Mausoleo di Costantina a Roma, in cui si ritrova il paramento murario con alternanza di un ricorso di mattoni e uno di tufelli squadrati, così come a Santa Croce dove insieme ai mattoni si utilizzano anche gli embrici.

Igino Gromatico parla del *pes drusianus,* usato i Germani Tungri e lo definisce come rapporto di 27/24 del *pes monetalis* o piede romano, (cm 29,56*24/27 = cm 33,255) misura molto vicina a quello che si ritiene sia la misura del piede carolingio 33,3 cm.

I Germani nell'antichità e anche nel medioevo non ebbero mai un'unità politica e quindi neppure la loro unità di misura poté essere perfettamente uguale nelle varie tribù o i vari popoli di quella stirpe. In Italia il modulo "carolingio" tuttavia è generalmente riscontrabile nei monumenti con sufficiente precisione, in quanto applicato da popolazioni della Germania Occidentale che facevano parte dell'Impero Carolingio. I monumenti in cui si riscontra normalmente il piede carolingio sono in genere quelli di età preromanica e romanica[7]. Quindi per il piede drusiano e germanico si ha una misura che oscilla tra 33,16 cm e 34,0 cm, per il piede carolingio abbiamo una misura di 33,3 cm.[8]

---

6 FIOCCHI NICOLAI, Vincenzo, *Ricerche sulle origini della cattedrale di Nepi,* in "Archeologia Laziale", III, Roma 1980, p. 226, n. 12.
" [...] Le due strutture murarie del muro di facciata (visibili nel piano superiore dell'odierno portico) sono nettamente distinte da una risega di cm. 6: la parte superiore della muratura è sicuramente medievale, come mostra la tipologia delle tre finestre e la cornice di imposta delle loro centine a denti di sega. La parte inferiore, su cui questa poggia, presenta una tessitura laterizia del tutto diversa, con un modulo a valore medio di cm. 32 [...]"

7 SALVATORI, Marcello, *Manuale di metrologia, per architetti studiosi di storia dell'architettura ed archeologi.* Liguori Editore, Napoli 2006, pp. 19-20.

8 SALVATORI, Marcello, *Manuale di metrologia, per architetti studiosi di storia dell'architettura ed archeologi.* Liguori Editore, Napoli 2006, p. 20.

Ricostruendo graficamente la parte mancante della porta ad arco visibile nella parete sud, si ha una larghezza dell'apertura di m. 1,665. Prendendo come base la quota dell'edificio della prima metà del XII secolo (-1,54 metri) l'altezza dell'apertura misurata all'intradosso dell'arco è di m. 3,3.

Dividendo la dimensione dell'apertura ricostruita, uguale a m. 1,665, con un modulo carolingio di 33,3[9] cm si ottengono 5 moduli precisi. La porta secondo la ricostruzione ha un'altezza da terra all'intradosso dell'arco di 3,33 m, dimensione che corrisponde perfettamente a 10 piedi carolingi (33,3cm * 10 = 330cm o 3,30m).

Considerando il piede carolingio (33,3 cm) l'apertura sarebbe stata larga cinque piedi e alta dieci.

Definita l'unità di misura (piede carolingio), si è estesa l'indagine metrologica alle finestre presenti nella parete nord.

9 CURUNI, Alessandro, *Verifica metrologica e schema proporzionale della Torhalle di Lorsch*, s.l., s.d., p. 140.

Schema sinottico delle varie unità di misura usate durante il periodo carolingio (X - XI secolo).

Fonti consultate	*CUBITO*	*PIEDE ROMANO*	*PIEDE GALLICO*	*PIEDE DRUSIANO*	*PIEDE CAROLINGIO*	*PIEDE DI LIUTPRANDO*
Dizionario Enciclopedico Italiano	44,4	29,6	32,40	33,27	32,40	/
Enciclopedia Italiana	44,4	29,0	32,48	28,0 32,00	32,48	/
Enciclopedia Larousse	44,3	/	/	/	/	/
F. V. Arens 1938	44,35	29,57	/	33,29	33,3	/
K. Freckmann 1955	/	29,57	/	/	33,3	/
F. Creusch 1965	/	/	/	/	33,28	/
W. Horn - E. Born 1974	43,6	29,6	/	33,27	33,27	29,2
A. Kottmann 1971	43,0 43,3 43,6	/	/	/	31,5 34,0	28,5 - 29,0 28,7 - 29,2 28,9 - 29,5

I valori delle misure sono espressi in centimetri.

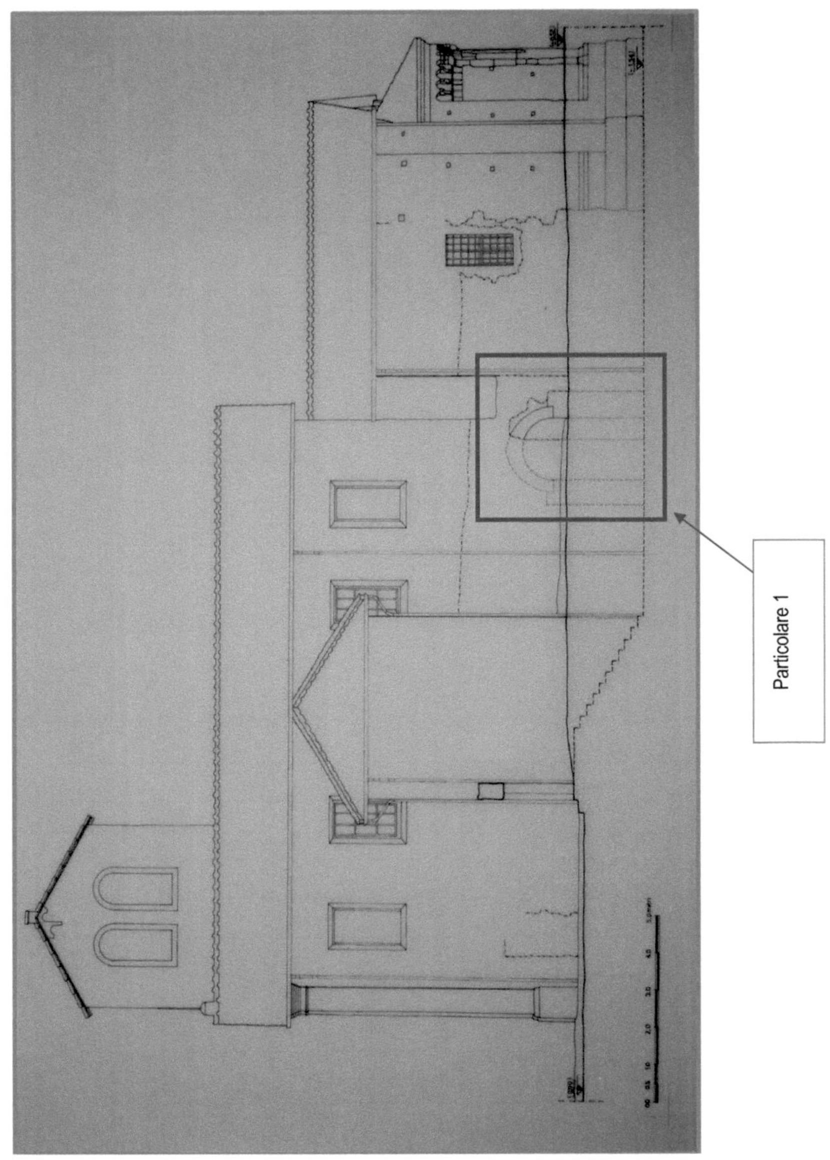

Nepi, Santa Croce, prospetto sud, rilievo metrico con ricostruzione grafica della parte dell'edificio interrata, anno 1992.

Disegno originale in scala 1:50, Arch. Massimo Soldatelli. Archivio personale.

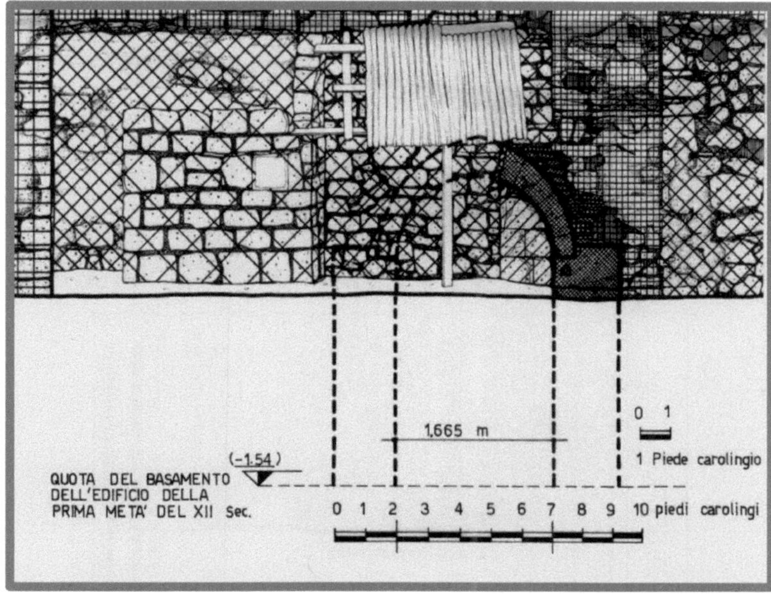

Particolare 1. Rilievo architettonico con ricostruzione grafica e analisi metrologica della della porta ad arco del prospetto sud, anno 1992.
Disegno originale in scala 1:50, Arch. Massimo Soldatelli. Archivio personale.

Nepi, Santa Croce, prospetto sud, porzione visibile della porta con arco inglobata nella muratura del prospetto sud
Foto anno 1992, Arch. Massimo Soldatelli. Archivio personale.

Le finestre hanno una larghezza di m. 0,87 la prima da sinistra, di m. 0, 84 la seconda.

La terza migliore per lo stato di conservazione, con gli spigoli dei piedritti dell'arco ben individuabili, misura m. 0,83 uguale a 2,5 piedi carolingi.

L'altezza delle tre finestre, misurata all'intradosso dell'arco va, da m. 1,35 della prima a m. 1,33 della seconda ricostruibile solo graficamente in quanto in parte demolita.

Nella terza finestra è possibile avere una misurazione precisa che corrisponde a m. 1,33 uguale a quattro piedi carolingi. Inoltre, lo spazio tra una finestra e l'altra è di m. 1,50 uguale a 4,5 piedi carolingi.

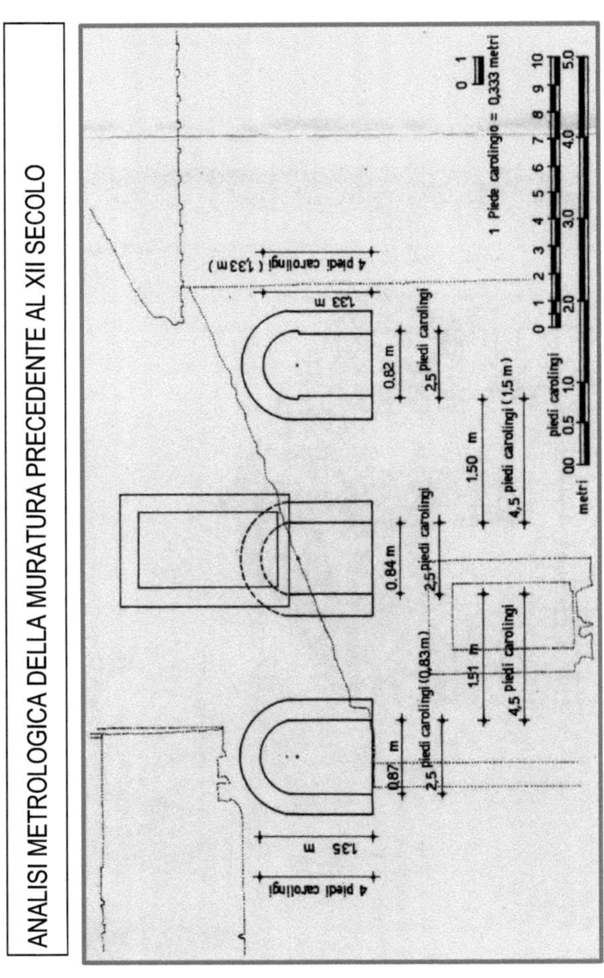

ANALISI METROLOGICA DELLA MURATURA PRECEDENTE AL XII SECOLO

**Nepi, Santa Croce, prospetto nord,
individuazione della porzione di muratura del IX-X secolo,
rilievo architettonico, anno 1992.**
Disegno originale in scala 1:50, Arch. Massimo Soldatelli. Archivio personale.

La muratura che chiude lo spazio tra i piedritti degli archi delle finestre è di larghezza uguale a m. 1, ciò corrisponde a tre piedi carolingi. Lo spessore della muratura è di m. 0,52 uguale a 1,5 piedi carolingi e infine, i corsi di laterizi si ripetono ogni diciassette - diciotto cm che corrispondono a circa ½ piede carolingio o più precisamente ½ piede drusiano (34,0 cm), questa è l'unica dimensione in cui si ritrova una perfetta rispondenza con il piede drusiano, è anche l'unica misura che nella costruzione può variare con più facilità dato che basta un letto di malta più o meno spesso che si viene a creare una variazione di altezza, e quindi ritengo che il piede carolingio, con il quale si ottiene una perfetta rispondenza nelle misure più certe come la dimensione delle aperture, sia l'unità di misura utilizzata.

In ogni caso al fine di stabilire la datazione di questo paramento murario entrambi i moduli, vista l'esiguità della differenza tra i due, ci danno la certezza che questa porzione di muratura sia antecedente al XII secolo.

Analizzando la pianta della chiesa si è rilevato che la larghezza dell'edificio misurata dalla parete nord delle tre finestre e la parete sud della porta è di m. 7,66, uguale a 23 piedi carolingi, ancora una perfetta corrispondenza con questo modulo di 33,3 cm.

Nepi, Santa Croce, prospetto nord, porzione visibile della muratura precedente il XII secolo
Foto anno 1992, Arch. Massimo Soldatelli. Archivio personale.

II Fase costruttiva - Prima metà del XII secolo.

La muratura della prima metà del XII secolo in conci regolari di tufo, ben tagliati, costituisce: l'intera parete est, dove è presente l'abside, parte della parete sud ed è presente sotto l'intonacatura seicentesca nella parte inferiore della facciata. E' altresì visibile nella parte inferiore del campanile.

Con la stessa muratura sono state tamponate, come abbiamo visto in precedenza, le finestre e la porta della costruzione precedente.

- **Analisi della muratura databile prima metà del XII secolo.**

Struttura muraria a "sacco" di spessore uguale a m. 0,72 (1 modulo, vedi analisi metrologica e geometrico proporzionale), con paramenti murari di contenimento costituiti da corsi di conci di tufo litoide a scorie nere "Sabatini" murati con malta finissima di calce e sabbia, spessore dei letti di malta uguale a mm. 3 - 7.

La cortina, in conci regolari di tufo, secondo la tradizione dell'*opus quadratum*, riveste con notevole ed uguale qualità la parete est, parte della parete sud ed è presente sotto l'intonacatura seicentesca nella parte inferiore della facciata (parete ovest) al centro della quale è inserito il portale in pietra (lava nefritica leucitica). Nei piedritti di questo sono inclusi due blocchi di marmo statuario bianco uno dei quali, quello del piedritto di sinistra, presenta sulla faccia interna una decorazione in altorilievo raffigurante un motivo floreale molto abraso. All'altezza dell'imposta dell'arco sono inclusi due capitelli fogliati in marmo bianco anch'essi molto abrasi, probabili frammenti, come gli altri due blocchi dei piedritti, di precedenti costruzioni romane[10].

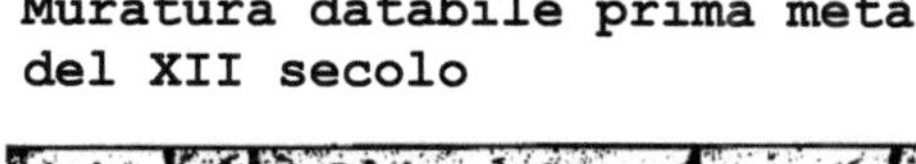

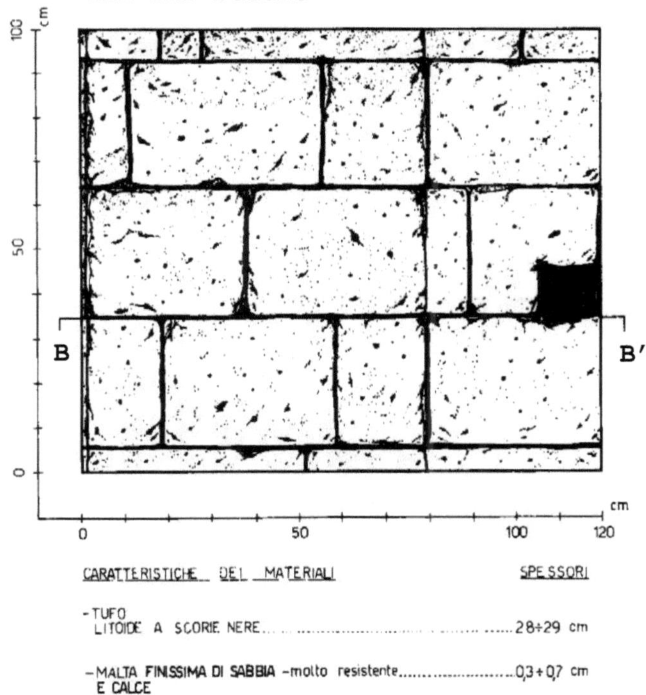

10 RASPI SERRA, Joselita, *Tuscanica.Cultura ed espressione artistica di un centro medievale,* Milano, Electa, 1971, p. 30, n.2, - p. 45, - p. 135, n. 46, - p. 143, n.126.

Sezione B-B'

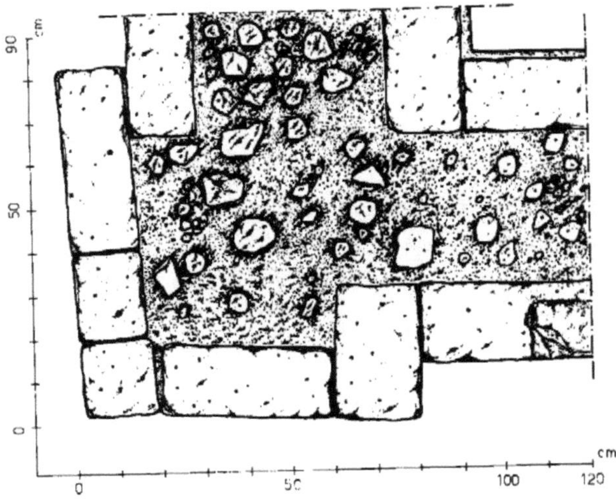

Nepi, Santa Croce, prospetto est,
individuazione della porzione di muratura rilevata per la datazione.
Foto anno 1992, Arch. Massimo Soldatelli. Archivio personale.

Nepi, Santa Croce, prospetto est, abside,
individuazione della porzione di muratura rilevata per la datazione,
rilievo architettonico, anno 1992.
Disegno originale in scala 1:50, Arch. Massimo Soldatelli. Archivio personale.

Il paramento in conci squadrati di tufo, connessi con poca malta, è testimonianza di contemporaneità con l'edificio abbaziale

Nepi, Santa Croce, prospetto ovest, rilievo architettonico, anno 1992. Nella parte bassa del prospetto è visibile la muratura della prima metà del XII secolo
Disegno originale in scala 1:50, Arch. Massimo Soldatelli. Archivio personale.

di Castel Sant'Elia, allora territorio di Nepi e con altri edifici sacri presenti in Tuscania: San Pietro e Santa Maria Maggiore.

Il più forte nucleo politico della zona, la diocesi di Tuscania,[11] darà solo alla fine dell'XI secolo un'espressione al proprio aumentato potere territoriale nella Chiesa Cattedrale di San Pietro.

Nepi, Santa Croce, il capitello del piedritto di destra del portale.
Foto anno 1992, Arch. Massimo Soldatelli. Archivio personale.

Nepi, Santa Croce, il capitello del piedritto di sinistra del portale.
Foto anno 1992, Arch. Massimo Soldatelli. Archivio personale.

11 RASPI SERRA, Joselita, *La Tuscia Romana, un territorio come esperienza d'arte: evoluzione urbanistico-architettonica*, Milano, Electa, 1972, p. 13, - p.163 n.144, p. 45, - p. 162 n.139, - p.163 n.141.

Nepi, Santa Croce, blocco di marmo con decorazione floreale inserito nel piedritto di sinistra del portale.
Foto anno 1992, Arch. Massimo Soldatelli. Archivio personale.

Le paraste semicircolari, che in particolare nel San Pietro, ma anche negli altri edifici di Tuscania, avevano trovato origine o superamento dal semplice modulo ornativo[12], non hanno un seguito ad un livello così alto, ma questo partito decorativo si frange in diversi aspetti che ne continuano le particolarità salienti. Si ripropone in numerosi monumenti realizzato da semicolonne che spesso animano tutta la superficie: come nella chiesa di Castel Sant'Elia e al San Silvestro di Orte; oppure le semicolonne investono tutta la superficie muraria, come nelle chiese di Santa Maria e di San Salvatore a Vasanello, San Salvatore e San Martino di Tarquinia, San Francesco di Vetralla, Santa Maria Maggiore di Tuscania e San Giorgio di Soriano; in altri esempi invece la partitura è riservata prevalentemente alle absidi[13] come avviene a Santa Croce di Nepi e nel Duomo di Sovana.

12 Vedi nota 11.
13 RASPI SERRA, Joselita, *Tuscanica.Cultura ed espressione artistica di un centro medievale,* Milano, Electa, 1971, p. 30 n.2, - p. 45, - p. 135 n. 46, - p. 143 n.126.

Nepi, Santa Croce, prospetto est, abside.
Foto anno 1992, Arch. Massimo Soldatelli. Archivio personale.

La soluzione delle semicolonne su paraste che partiscono la curva absidale è un motivo molto diffuso nell'ambiente lombardo coincidente con i nuovi interessi di plastica strutturazione, già denunciati alla fine dell'XI secolo e pienamente sviluppati nel XII. Wart Arslan, a proposito del medesimo motivo nell'abside di San Pietro a Verona, segnala rapporti con le plastiche realizzazioni francesi in particolare normanne.[14]

L'apparecchiatura muraria in conci di tufo, il partito decorativo dell'abside e i capitelli con animali bicorporati (buoi sul capitello di sinistra e arieti su quello di destra), di sapore lombardo, che ornano lo stesso[15] consentono di attribuire questa fase costruttiva della chiesa di Santa Croce, alla prima metà del XII secolo. A Santa Croce operarono gli stessi artisti attivi a Santa Maria in Castello a Tarquinia e nella cripta del Duomo di Nepi dove la decorazione plastica è ben inquadrabile nella cultura lombarda della prima metà del XII secolo[16].

L'impronta e le particolari scelte iconografiche delle decorazioni della chiesa Cornetana di Santa Maria in Castello ritornano nella cripta del duomo di Nepi, testimoniandoci i probabili contatti avvenuti a livello politico tra i due centri.

A conferma della vicinanza politica tra le due città vi è il comportamento di Nepi durante la rivolta partita da Corneto (l'odierna Tarquinia) in favore dell'anti-papa Anacleto II (14 febbraio 1134 - 25 gennaio 1138) e di Ruggero, rivolta che tocca

14 Vedi nota 11.
15 Vedi nota 13.
16 Vedi nota 13.

tutto il Patrimonio di San Pietro ed in cui Nepi si schiera con Corneto [17].

Nella cripta del duomo di Nepi, che alla luce dei contatti citati è possibile attribuire alla prima metà del XII secolo, alcuni capitelli insieme a uno erratico nel portico, mostrano la particolare iconografia dei serpenti bicorporati riscontrabile in altri di Corneto [18]. In rapporto con questi esempi si pongono i capitelli dell'abside di Santa Croce.

Nepi, Santa Croce, capitello con teste di ariete alla destra della finestra absidale.
Foto anno 1992, Arch. Massimo Soldatelli. Archivio personale.

Opera di maestranze che recuperano, seppur a modesto livello, ricordi delle formulazioni classicheggianti [19].

Un particolare costruttivo si ritrova, nella stessa dimensione e forma *(foto ed elaborati grafici a pag.43)*, nei due edifici di Santa Maria in Castello di Tarquinia e di Santa Croce di Nepi. E' la cornice del basamento, un profilo a cavetto o guscio (modanatura aggettante con andamento concavo di un quarto di cerchio) che nell'edificio di Tarquinia è presente lungo le pareti longitudinali e continua come appoggio delle paraste semicircolari dell'abside, mentre nella chiesa di Santa Croce ne resta visibile solo una parte lunga 40 centimetri circa nel basamento della parete nord. La parte

17 Vedi nota 11.
18 Vedi nota 11.
19 Vedi nota 11.

dello stesso profilo, lungo la parete est e sulla curvatura dell'abside, probabilmente è nascosta dal terrazzamento che copre la zona inferiore del paramento murario.

Nepi, Santa Croce, capitello con teste di bue alla sinistra della finestra absidale.
Foto anno 1992, Arch. Massimo Soldatelli. Archivio personale.

- **Analisi metrologica e geometrico-proporzionale dell'edificio della prima metà del XII secolo.**

1. Determinazione del parametro metrologico.

Per individuare l'unità di misura adottata dagli antichi costruttori, si sono prese in considerazione le dimensioni che, nel corso delle successive ricostruzioni dell'edificio, sono rimaste intatte.

Queste sono:

1. Il diametro dell'abside, uguale a m. 3,54;
2. la larghezza delle pareti ai lati dell'abside, uguale a m. 1,44 (parete destra) e m. 1,45 (parete sinistra);
3. la larghezza totale della parete absidale, uguale a m. 6,43;
4. la larghezza della parete di facciata (internamente), uguale a m. 6,50;
5. la lunghezza della navata, misurata dalla curva absidale alla parte interna della parete di facciata, uguale a m. 24,40;

6. la lunghezza della navata, misurata dall'intersezione dell'asse longitudinale con l'asse della parete absidale, alla parte interna della parete di facciata, uguale a m. 22,82.

Prendendo come unità di misura il piede romano (m. 0,2956)[20], l'unica grandezza che dà una precisa corrispondenza è la dimensione del diametro dell'abside, che equivale a dodici piedi romani (m. 3,54/0,2956 = 12). Nessuna precisa corrispondenza si ha, considerando come unità di misura il cubito (m. 0,444), il piede carolingio (m. 0,333), il piede Drusiano (m. 0,3327), il piede gallico (m. 0,324 - 0,3248) e il piede di Liutprando (m. 0,285).[21]

La parete in cui si trova l'abside non è ortogonale alle pareti longitudinali, ma è inclinata di quattro gradi verso est. La curvatura dell'abside è una porzione di circonferenza di diametro uguale a m. 3,60. Tale diametro è uguale a due volte e mezzo la misura delle pareti ai lati della curvatura (m. 1,44 e m. 1,45). Dividendo in due tale dimensione (m. 1,44), si ottiene una lunghezza uguale a m. **0,72**, parametro metrologico che costituisce il **modulo costruttivo** dell'edificio della prima metà del XII secolo.

L'unità metrologica individuata è uguale a due piedi romani e sette digiti[22], corrispondenti quasi ad un passo (m. 0,74).

2. Analisi geometrico-proporzionale

Comparando le misure con il modulo costruttivo individuato, si hanno le corrispondenze di seguito elencate.

La circonferenza dell'abside è uguale a cinque moduli, la parete dell'abside è inclinata verso est di due terzi di moduli (4°). La lunghezza della costruzione, dalla curva absidale all'esterno del portale è uguale a trentacinque moduli, ovvero sette volte il diametro della circonferenza che forma l'abside. La navata è larga nove moduli e lunga trentuno moduli e mezzo. Unificando i nove moduli della larghezza, in un solo grande modulo, la lunghezza è uguale a tre volte e mezzo la larghezza, ovvero; dividendo a sua volta il modulo da nove in due (9/2 = 4,5 moduli), si ha che la navata è inscritta in un rettangolo 7/2 (rettangolo lungo 7 e largo 2), cioè in sette quadrati doppi, essendo la lunghezza uguale a trentuno moduli e mezzo (31,5/4,5 = 7) e la larghezza uguale a nove moduli (9/4,5 = 2).

Questo tipo di proporzionamento, ha origini teoriche connesse direttamente alle idee di San Bernardo e fu applicato rigorosamente dal 1139-40.[23]

---

20 Vedi note 8,9.

21 Vedi nota 9.

22 DOCCI, Mario, - MAESTRI, D., *Il rilevamento architettonico,* Bari, Laterza. 1984, p.172.

" [...] Come quello greco, il piede romano era suddiviso in quattro palmi o in sedici digiti (m. 0,0184) oppure in dodici pollici [...]"

23 Voce *Proporzione* in " Enciclopedia Universale dell'Arte", vol. XI, Venezia-Roma 1963, col. 90.

" [...] Rapporti semplicissimi, strettamente musicali, ed una costruzione grafica basata su rettangoli e quadrati caratterizzano anche l'architettura ottoniana e poi quella monastica... [...] Di fronte al disordine di un'architettura divenuta, assai spesso, generica, pittoresca, spontanea, la teorizzazione proporzionale cistercense ha lo stesso effetto di una rinascita classicheggiante; H. Hahn (Die Frühe Kirchenbaukunst der Zisterzienser. Untersuchungen zur Baugeschichte von Kloster Eberbach in *Rheingau d ihren europäischen Analogien um 12.* Jahrhundert, Berlin, 1957) ha dimostrato come abbia origini teoriche connesse direttamente alle idee di San Bernardo. Questa teorizzazione sancita nel 1134, fu applicata rigorosamente solo dal 1139-40 [...]"

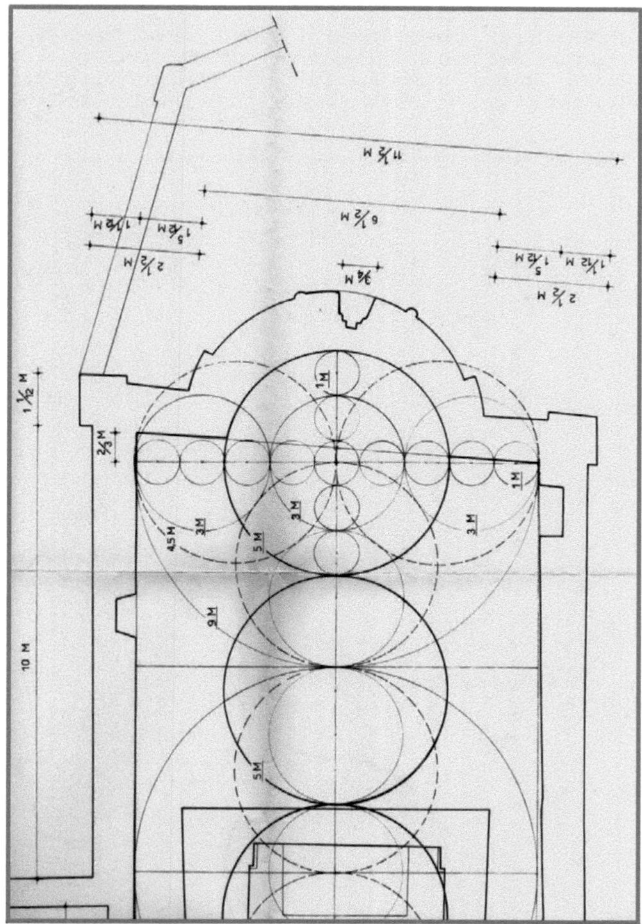

Nepi, Santa Croce, pianta con indagine metrologica, porzione riguardante l'abside e la sacrestia vecchia, rilievo metrico, anno 1992.
Disegno originale in scala 1:50, Arch. Massimo Soldatelli. Archivio personale.

Il modulo di 0,72 metri con i suoi sottomultipli è anche alla base delle misure della parte inferiore della torre campanaria ed è ricorrente nel dimensionamento della parte esterna dell'abside e delle pareti.

L'inclinazione della parete est, ha come conseguenza la variazione progressiva dello spessore della muratura della curva absidale, per permettere all'esterno l'uguaglianza dello spazio tra la curvatura dell'abside e le paraste angolari.

Senza questa variazione dello spessore murario, sarebbe stato impossibile mantenere la simmetria della parete stessa. Questo

dimostra che l'inclinazione della parete è una precisa scelta iconografica e non una casualità.
Tale inclinazione può essere letta simbolicamente come rappresentazione del capo inclinato del Cristo Crocifisso. Questa simbologia è spesso riscontrabile nell'architettura religiosa medioevale: dodici colonne = gli apostoli; tre absidi = la Trinità.[24]

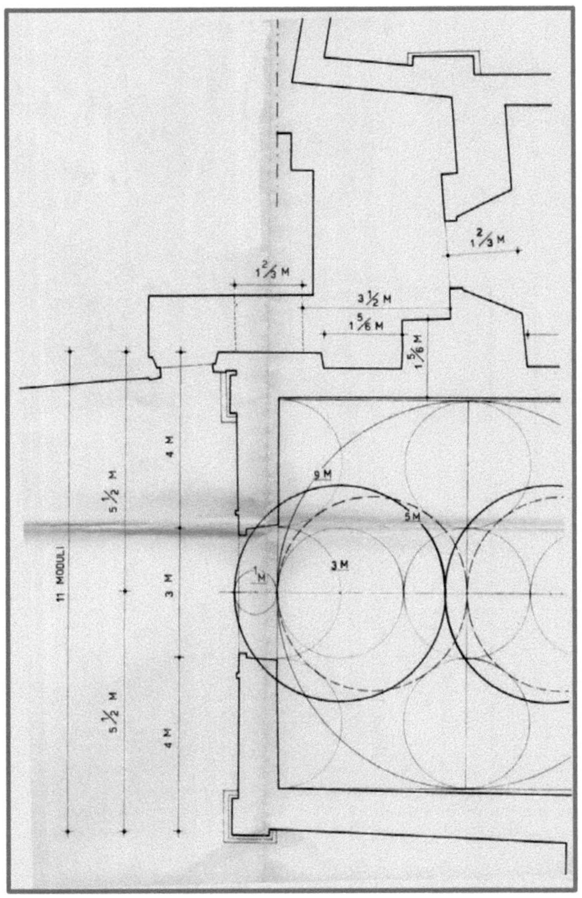

Nepi, Santa Croce, pianta con indagine metrologica,
porzione riguardante il portale di ingresso, rilievo metrico, anno 1992.
Disegno originale in scala 1:50, Arch. Massimo Soldatelli. Archivio personale.

---

24 Voce *Proporzione* in " Enciclopedia Universale dell'Arte", vol. XI, Venezia-Roma 1963, col. 89.

Nepi, Santa Croce, prospetto nord, porasta d'angolo, muratura del XII secolo.
Foto anno 1992, Arch. Massimo Soldatelli. Archivio personale.

Profilo a cavetto visibile solo sulla parete nord.

Nepi, Santa Croce, prospetto sud, rilievo metrico con ricostruzione grafica della parte dell'edificio interrata, anno 1992.
Disegno originale in scala 1:50, Arch. Massimo Soldatelli. Archivio personale.

DOCUMENTI D'ARCHIVIO.

Il pagamento delle decime nel 1278 per l'ultima Crociata, rappresenta il documento più antico riguardante l'esistenza a Nepi della Chiesa di Santa Croce.[25]

SHEDA DOCUMENTARIA n° 1

BATTELLI, G.,
Rationes Decimarum Italiae nei secoli XIII e XIV:Latium,
Città del Vaticano, Biblioteca Apostolica Vaticana.

24 gennaio 1278
Presbiter Iohannes et Girardus, collectores decimarum fuerunt confessi se recepisse pro subsidio et passagio terrae sanctae coram his testibus Clemente S. Crucis clerico et Petruccio, clerico S. Crucis.
(pagina 396 nota 3714).

7 febbraio1278
Eodem die, coram me notario et testibus etc. dicti presbiter Iohannes et Girardus receperunt a Clemente clerico sanctae Crucis de Nepe 5 sol. provis. pro decimis sibi contingentibus dimidii quarti anni [...]
(pagina 397 nota 3721).

17 febbraio 1278
[...] *dicti presbiter receperunt ab archipresbitero Nicolao S. Crucis de Nepe,pro primo tertio et quarto anno, 25 sol. minus 2 provis. de decimis sibi contingentibus* [...]
(pagina 398 nota 3730).

26 giugno1278
Eodem die dicti presbiter etc. receperunt a Clementolo cleroco S. Crucis de Nepe 2 sol. provis. et domidium pro decima dicti temporis [...]
(pagina 400 nota 3745).

Del 1293 è un atto in cui si riporta il resoconto di un Consiglio speciale avvenuto nella chiesa di Santa Croce.[26]

SHEDA DOCUMENTARIA n° 2

CAETANI, G.,
Regesta Chartarum,
Volume I, Perugia, 1922.

Anno millesimo CCLXXXXIII°, indictione sexta, sede apostolica pastore vacante per mortem Nicolai pape quarti, die XXVI intrantis mensis augusti. Congregato consilio speciali et generali civitatis nepesine et populo civitatis predicte in ecclesia Sancte Crucis, ad sonum campane et requisitione castaldionum ut moris est, de mandato Jannis Taconis et Laude vicariorum dicte civitatis, prepositum fuit per Iannem Taconis in eodem parlamento quid placet dicto consilio et populo ordinare, providere et deliberare super statu dicte civitatis, [...].

[...] *Actum est hoc in ecclesia Sancte Crucis predictecivitatis, presentibus Conte Fredutio, domino Rocchisciano, Guertio banditore et pluribus aliis. Angelus condam magistri Ranerii alme Urbis prefecti notarius et iudex ordinarius.*

Dell'edificio precedente la costruzione del XII secolo è impossibile azzardare la pur minima ipotesi riguardante la sua conformazione, vista l'esiguità della muratura rimasta. Della chiesa costruita nella prima metà del XII secolo, inglobando parti di una

25 BATTELLI, G. , *Rationes Decimarum Italiae nei secoli XIII e XIV:Latium,* Città del Vaticano, Biblioteca Apostolica Vaticana, pp.396 n.3714, 397 n.3721, 398 n. 3730, 400 n. 3745.
26 CAETANI, G. ,*Regesta Chartarum,* Volume I, Perugia, 1922.

costruzione preesistente, non si ha la certezza della sua originaria forma in seguito alle successive ricostruzioni. Le parti di muratura rimaste: abside e parete est, parte della sud e parte della parete ovest, permettono di escludere la forma basilicale, ma non possono escludere due ipotesi di restituzione dell'edificio: pianta a navata unica e pianta ad una nave con transetto.

Nepi, Santa Croce, parti di muratura ritrovate nel 1993
lungo il fianco nord dell'edificio a destra dell'abside nei pressi della sacrestia vecchia
Foto anno 1992, Arch. Massimo Soldatelli. Archivio personale.

La pianta a navata unica in uso fin dall'XI secolo,[27] è probabilmente quella che rispecchia la forma originale dell'edificio, come dimostra anche l'analisi metrologica e geometrico proporzionale. Il primo documento che descrive il corpo della chiesa è del 1574[28] e ce la rappresenta a nave unica.

Il ritrovamento nel 1993 di parti di muratura, lungo il fianco nord dell'edificio a destra dell'abside nei pressi della sacrestia vecchia, può far ipotizzare la presenza di un transetto che si innestava alla nave longitudinale, riproponendo la planimetria degli edifici monastici dell'XI e del XII secolo. Questo tipo di impostazione planimetrica si ritrova negli edifici di Tuscania, il maggiore centro della zona insieme a Tarquinia e Viterbo.[29] Essa si localizza in Toscana e si sviluppa anche nell'Italia meridionale e Sicilia.[30]

---

27 Voce *Romanico* in "Enciclopedia Universale dell'Arte", vol. XI, Venezia-Roma 1963, col. 732.

28 Archivio Pontificio Vaticano, Sacra Congregatio Episcoporum et Regularium, sigla VR n. 17°, *Visitatio Nepesina. Visita Apostolica anno 1574.*

29 RASPI SERRA, Joselita, *La Tuscia Romana, un territorio come esperienza d'arte: evoluzione urbanistico-architettonica*, Milano, Electa, 1972, pp. 10-13.

30 RASPI SERRA, Joselita, *Tuscania.Cultura ed espressione artistica di un centro medievale*, Milano, Electa, 1971, pp. 28-30, - p. 32 n. 20.

Prendendo come unità di misura sempre il modulo di 0,72 metri (vedi pagine 39-42) e per il proporzionamento geometrico, il suo multiplo di 4,5 moduli, si può ricostruire un transetto lungo quattro moduli da 4,5 unità di 0,72 metri, ovvero quattro quadrati uguali ai quattordici (sette quadrati doppi) che costituiscono la nave dell'edificio. Solo un approfondito esame della muratura ritrovata e saggi di ricerca accurati, sia sul fianco nord che su quello sud, possono confermare o smentire quest'ipotesi.

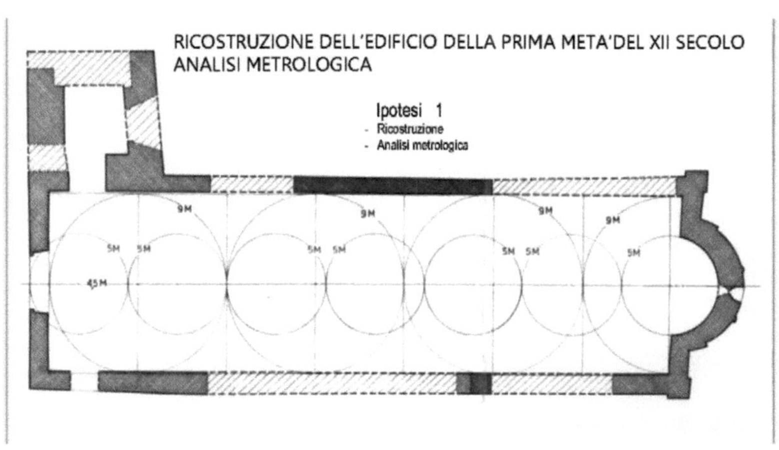
RICOSTRUZIONE DELL'EDIFICIO DELLA PRIMA META'DEL XII SECOLO
ANALISI METROLOGICA
Ipotesi 1
- Ricostruzione
- Analisi metrologica
9M
9M
9M
9M
5M 5M
5M 5M
5M 5M
5M
4,5M

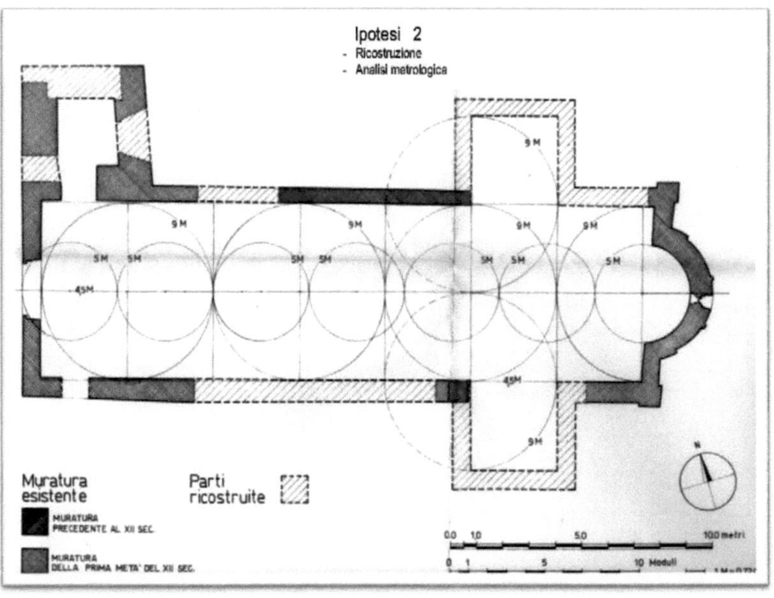
Ipotesi 2
- Ricostruzione
- Analisi metrologica
9M
9M
9M
9M
9M
5M 5M
5M 5M
5M 5M
5M
4,5M
4,5M
9M
Muratura esistente
MURATURA PRECEDENTE AL XII SEC.
MURATURA DELLA PRIMA META' DEL XII SEC.
Parti ricostruite
0.0 1.0 5.0 10.0 metri
0 1 5 10 Moduli
N

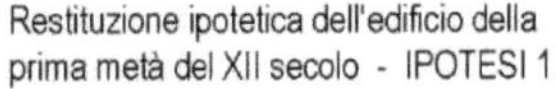
Restituzione ipotetica dell'edificio della prima metà del XII secolo - IPOTESI 1

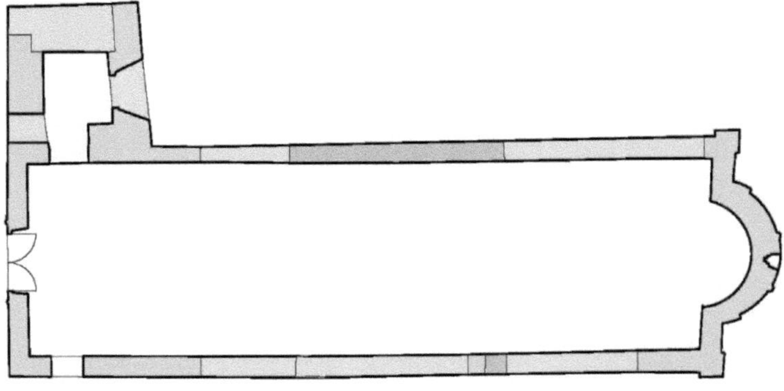

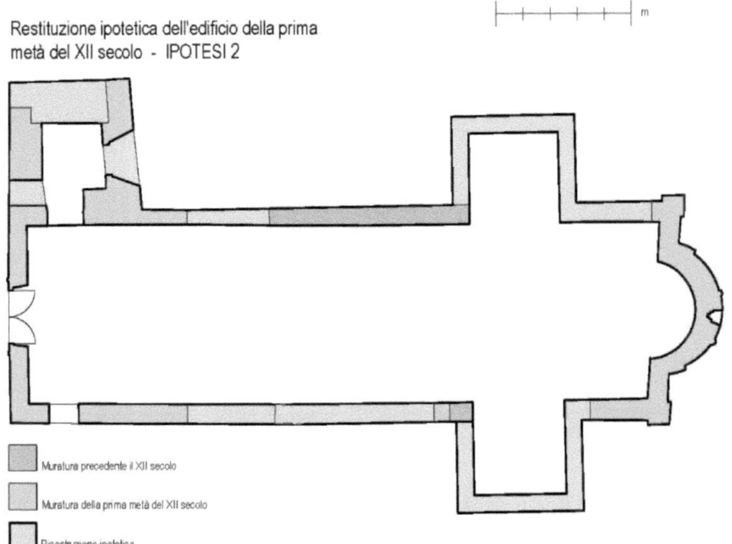

2. EVOLUZIONE DELL'EDIFICIO DAL XV SECOLO ALLA SECONDA META' DEL XVII SECOLO (1666).

III Fase costruttiva - XV secolo.

Le parti edificate in questo periodo sono: l'Oratorio della Confraternita della Disciplina[31] poi diventata Gonfalone e la parziale ricostruzione della torre campanaria fondandosi sulla muratura della prima metà del XII secolo.
La costruzione di queste strutture, è probabilmente legata all'edificazione dell'ospedale[32] adiacente alla chiesa e avente lo

---

31 CARLI, Plinio - SAINATI, Augusto, *Storia della Letteratura Italiana*, vol. I, *Dalle origini alla fine del Quattrocento,* Firenze, Le Monnier, 1954, p. 42.
" [...] Al moto religioso francescano altri ne seguirono nell'Umbria stessa a breve distanza di tempo, con caratteristiche di minor serenità. Ricorderemo il movimento detto dell'Alleluja (1233) e quello dei Flagellanti (1258). Questo movimento si propagò più largamente nelle altre regioni della penisola, ed ebbe maggiore importanza e più lunga durata. Lo propose un vecchio eremita, Raniero Fasani, che, col proprio esempio e con l'annuncio di tremendi imminenti castighi, eccitava i peccatori a pentirsi dei propri peccati e a percuoter se stessi, in segno di penitenza, sulla nuda carne, con cordicelle annodate e armate, talvolta, di punte metalliche (flagelli o discipline). [...]"

MICCIOLI, Giovanni, *La storia religiosa,* in "Storia d'Italia Einaudi", vol. II, Tomo I, *Dalla caduta dell'Impero romano al secolo XVIII,* Torino, Giulio Einaudi Editore, 1974, p. 809.
"[...] Il movimento dei flagellanti del 1260, sorse indubbiamente con uno slancio ed una libertà, dai quali sono pressoché assenti l'iniziativa e la guida delle autorità ecclesiastiche. Non è certo più il caso di cercare di individuarne l'origine nei sogni o nelle aspettative gioachimitiche, la cui presenza tra quelle folle è stata definitivamente sfatata da R. Manselli e A. Frugoni; sembra invece abbastanza evidente che in quel movimento, partito da Perugia e diramatosi a catena da città in città, si espresse -insieme al terrore per la morte e per il castigo, combattuto con la dura penitenza della disciplina, che riproponeva modi tipici della religiosità monastico-eremitica- tutto il bisogno di pace e di concordia che le profonde lacerazioni della società cittadina sembravano incapaci di recepire, e che la gerarchia ecclesiastica non riusciva a sua volta a rendere tema dominante della propria presenza. Ma ben presto, nonostante iniziali ostilità, diffidenze, sospetti di strumentalizzazione politica e atteggiamenti di disincantato scetticismo -"si flagellino fin che vogliono, io non mi flagellerò", commentò qualche genovese a quello spettacolo-, in molte città italiane del centro-nord il movimento si trovò alla sua testa gli esponenti delle varie gerarchie locali, e si mantenne perciò in alvei controllati e sicuri. Con l'esaurirsi di questa esplosione, restò -a testimoniare una tipica forma di pietà drammatica e quasi teatrale nelle sue manifestazioni, centrate sul culto per la Passione di Cristo e per la Vergine- la tradizione delle laudi, che conobbero un'enorme fortuna anche popolare, e restò, risoltasi la grande fiammata, l'assai più riposata ripresa delle confraternite dei disciplinati, che cominciarono a diffondersi, pochi anni e decenni dopo, un po' in tutte le città, divenendo dalla fine del Duecento una componente caratteristica dell'organizzazione della pratica religiosa laicale.[...]"

MICCIOLI, Giovanni, *La storia religiosa,* in "Storia d'Italia Einaudi", vol. II, Tomo I, *Dalla caduta dell'Impero romano al secolo XVIII,* Torino, Giulio Einaudi Editore, 1974, pp. 797-798.
"[...] Le confraternite, investite di grossi legati da spendere in loro favore, costituirono generalmente lo strumento cui si ricorse per superare le prescrizioni della regola francescana e delle costituzioni domenicane che vietavano sia ai minori sia ai predicatori di disporre direttamente di somme di denaro. Fu un'ulteriore ragione dello stabilirsi e del consolidarsi di legami organici tra confraternite laicali e ordini mendicanti. [...]"

32 ROMANO, Ruggero, *La storia economica,* in "Storia d'Italia Einaudi", vol. II, Tomo II, *Dalla caduta dell'Impero romano al secolo XVIII,* Torino, Giulio Einaudi Editore, p. 1824.
"[...]Né va trascurato, oltre alle differenze di localizzazione e di tipo di epidemia, riscontrabili da un tempo all'altro, che, progressivamente, i governi incominciano a organizzare una certa politica sanitaria, e questa, anche se non sempre e non

stesso titolo (ospedale di Santa Croce) di cui si ha notizia per la prima volta nel 1437.[33] Nel protocollo del Notaio Angelo di Giovanni di Cola Forte, si riporta un elenco di morti per un'epidemia divisi per parrocchie. Riguardo alla parrocchia di Santa Croce ci tramanda per la prima volta l'esistenza di un ospedale. L'ospedale era gestito dalla Confraternita della Disciplina che agli inizi del XVI secolo contava più di cento confratelli, come riportato in un atto notarile del 1506[34].

L'oratorio della stessa confraternita, costruito addossato alla parete nord della chiesa, è descritto nella visita Apostolica del 1574[35] e proprio questa descrizione ci permette di individuare questo spazio. Nella Visita Apostolica, è descritto con precisione un affresco rappresentante la Crocifissione situato all'interno dell'Oratorio. Il ritrovamento, da me effettuato, di questo affresco in un piccolo locale compreso tra la parete del campanile e la parete sinistra dell'attuale cappella Sant'Anna e San Luigi Gonzaga, permette di identificare esattamente questo spazio come l'Oratorio.

Il campanile, ricostruito nel XV secolo, ripete la forma di quello della prima metà del XII secolo poggiando la sua muratura sulla parete rimanente, peraltro ancora visibile, della torre campanaria a pianta quadrata. Testimonianza dell'antica forma del campanile sono i monconi di muratura aggettante visibili dalla parte nord dell'edificio. Presentava due ordini di finestre oggi visibili nell'unica parete rimasta diventata il campanile a vela attuale. Di queste finestre, quella del primo ordine è visibile ma è stata tamponata nel XVII secolo, mentre le doppie finestre del secondo ordine, costituiscono le aperture che ospitavano le campane.

---

totalmente è coronata da successo, costituisce però una sorta di barriera contro l'insorgere e l'estendersi del male. Così, giustamente rileva il Priuli nei suoi Diari, quando insiste tanto sulle "provixione" prese dal governo, sulla sua "solicitudine" nel prendere misure contro il morbo. Il gran numero di lazzaretti (per persone e merci), che si vedono sorgere un po' dappertutto in Italia tra Quattro e Cinquecento, sono un altro segno di questa organizzazione difensiva.[…]"

33 Archivio storico del Comune di Nepi, fondo Notai, sezione Angelo DI GIOVANNI DI COLA FORTE, Cod., A-a c. 126.

34 Archivio storico del Comune di Nepi, fondo Notai, sezione Giuliano MANCINI, Cod., A-a cc. 5-7.
1506 novembre 26
"[...] *più de cento ciptadini confrati del disciplina et gubernatori a nulla memoria hominum, circa de uno hospitale de sancta Croce, lo quale solo havemo in Nepe* [...]"

35 Archivio Pontificio Vaticano, Sacra Congregatio Episcoporum et Regularium, sigla VR n. 17°, *Visitatio Nepesina. Visita Apostolica anno 1574*, fogli 17, 17 v.

Nepi, Santa Croce, prospetto nord, particolare del campanile, rilievo architettonico, anno 1992.
Disegno originale in scala 1:50, Arch. Massimo Soldatelli. Archivio personale.

Nepi, Santa Croce, prospetto sud, campanile.
Foto anno 1992, Arch. Massimo Soldatelli. Archivio personale.

- **Analisi della muratura databile XV secolo.**

Struttura muraria a "sacco" dello spessore di m. 0,48. I paramenti murari di contenimento sono in conci di tufo litoide a scorie nere "Sabatini" murati con malta pozzolanica fine.

Muratura databile XV secolo

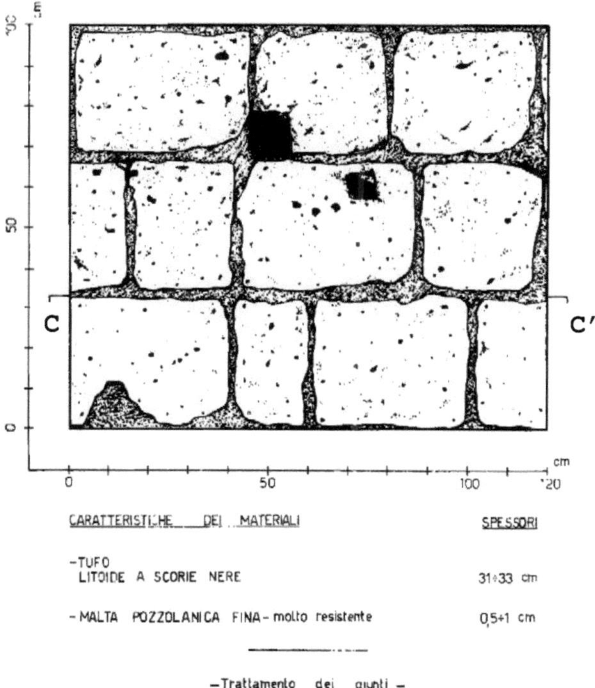

CARATTERISTICHE DEI MATERIALI	SPESSORI
-TUFO LITOIDE A SCORIE NERE	31÷33 cm
- MALTA POZZOLANICA FINA - molto resistente	0,5÷1 cm

—————

– Trattamento dei giunti –

Giunti rifluenti e allisciati con malta pozzolanica fina molto resistente

Sezione C-C'

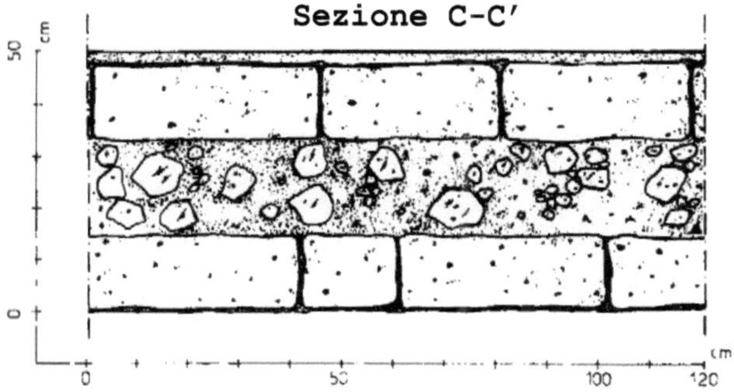

Lo spessore dei letti di malta varia da 0,5 cm a 1 cm. Particolare è il trattamento dei giunti: la malta tra un concio e l'altro è lasciata rifluire e poi lisciata a filo della muratura. Questa muratura è visibile nella parte centrale del prospetto nord, la struttura muraria di quella che nel XVIII secolo viene denominata sacrestia nuova.

Nepi, Santa Croce, prospetto nord, sacrestia nuova, individuazione della porzione di muratura rilevata per la datazione, rilievo architettonico, anno 1992.
Disegno originale in scala 1:50, Arch. Massimo Soldatelli. Archivio personale.

La stessa apparecchiatura muraria si ritrova nella Rocca dei Borgia di Nepi, nella parte inferiore dei sotterranei e in parte nelle strutture superiori. Uguale è la misura dei conci e soprattutto si riscontra la stessa stilatura dei giunti.

La prima notizia che riguardi direttamente la fortezza, risale al pontificato di Pio II (19 agosto 1458 - 15 agosto 1464). Lo stesso pontefice nei Commentari, c'informa di restauri e ampliamenti di una certa consistenza, effettuati in seguito alla distruzione della rocca avvenuta nel 1458. Dopo la morte di papa Callisto III Alfonso de Borja (Borgia), nella lotta tra Orsini e Colonna i nepesini, istigati da Everso dell'Anguillara, demolirono il castello e uccisero il castellano catalano Francesco Torretta.[36] Altri lavori furono eseguiti nel 1474 sotto il pontificato di Sisto IV.[37]

Nepi, Santa Croce, prospetto nord, sacrestaia nuova, individuazione della porzione di muratura rilevata per la datazione.
Foto anno 1992, Arch. Massimo Soldatelli. Archivio personale.

Nel 1479, ebbe inizio una serie d'imponenti lavori. L'opera voluta dal pontefice Sisto IV, fu eseguita sotto il governatorato del cardinale Rodrigo Borgia. Nel 1499 Alessandro VI apportò delle modifiche al forte e al palazzo.[38] Con la documentazione disponibile, non si hanno notizie di successivi lavori. Tutte le fasi costruttive principali dopo la distruzione, vanno dal 1458, anno dei lavori di Pio II, al 1499 anno dei lavori eseguiti per volere di Alessandro VI.

Vista l'uguaglianza con la muratura della Rocca, è possibile datare la struttura muraria al centro del prospetto nord della chiesa di Santa Croce come sicuramente del XV secolo.

---

36 LUCCHESI, Ettore, *Nepi,* s.l., s.d., pp. 13 - 15.

37 Vedi nota 36.

38 LUCCHESI, Ettore, op. cit., p. 15.

IV Fase costruttiva - XVI secolo.

Le strutture murarie realizzate in questo periodo sono testimonianza di una ricostruzione di parte delle pareti nord e sud della chiesa, avvenuta forse a causa di un crollo. La porzione visibile nel prospetto nord va dalla parasta angolare dell'abside fino a congiungersi con la muratura precedente il XII secolo. La porzione visibile nel prospetto sud è molto più piccola ed è inserita tra la muratura del XII secolo e quella precedente il XII secolo. La loro altezza va da terra a circa il livello del davanzale delle finestre attuali. In un documento del 1521[39] è nominato l'Arciprete di Santa Croce come canonico di Nepi, cioè del Duomo. Essendo l'Arciprete la prima dignità del capitolo di Santa Croce non poteva essere contemporaneamente canonico del Duomo.

Muratura databile XVI secolo

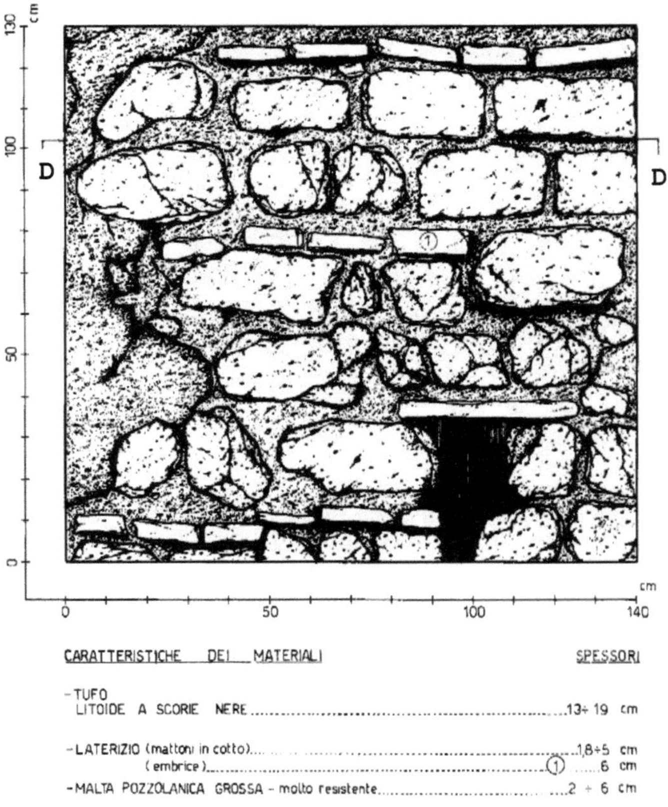

[39] RANGHIASCI BRANCALEONI, G., *Memorie o siano Relazioni Istoriche sull'origine nome fasti e progressi dell'antichissima Città di Nepi*, Raffaello Scalabrini, Todi, 1845, p. 180.

Per questa ragione, o la collegiata di Santa Croce era soppressa o l'edificio non era agibile per eventuali lavori che si svolgevano al suo interno.

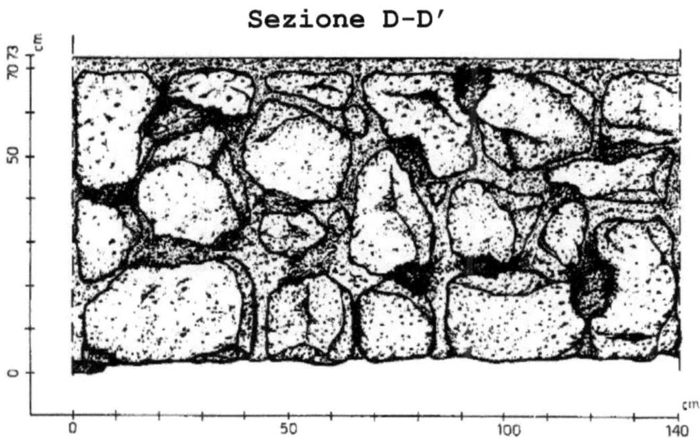

- **Analisi della muratura databile XVI secolo.**

Struttura muraria dello spessore di m. 0,68 eseguita con bozze o blocchi di tufo di varie dimensioni, impiegando per la faccia interna e per quella esterna le pietre di maggior grandezza. Questi blocchi assestati grossolanamente sui piani di posa sono allettati con malta pozzolanica grossa che raggiunge lo spessore massimo di 6 cm. Nelle porzioni del paramento maggiormente irregolari, la muratura è listata con strati di mattoni non tutti della stessa dimensioni che si interrompono appena è stata raggiunta una certa regolarità dei corsi. I corsi d'orizzontamento in mattoni, dove presenti, si ripetono ogni 40 cm circa.

Questa tipologia costruttiva si può datare come muratura del XVI secolo per la corrispondenza con la struttura muraria della Porta dell'Unico, costruita nel periodo in cui il poeta aretino Bernardo Accolti detto l'Unico fu signore di Nepi, dal 1521 al 1534.[40]

Lo stesso tipo di muratura si ritrova anche nella chiesa di San Giovanni, costruita alla fine del XVI secolo.

[40] LUCCHESI, Ettore, op. cit., p. 14.

Nepi, Santa Croce, prospetto nord, sacrestia vecchia, individuazione della porzione di muratura rilevata per la datazione, rilievo architettonico, anno 1992.
Disegno originale in scala 1:50, Arch. Massimo Soldatelli. Archivio personale.

Nepi, Santa Croce, prospetto nord, sacrestaia vecchia, individuazione della porzione di muratura rilevata per la datazione.
Foto anno 1992, Arch. Massimo Soldatelli. Archivio personale.

RICOSTRUZIONE DELL'EDIFICIO DAL XV AL PRIMO QUARTO DEL XVII SECOLO (1618).

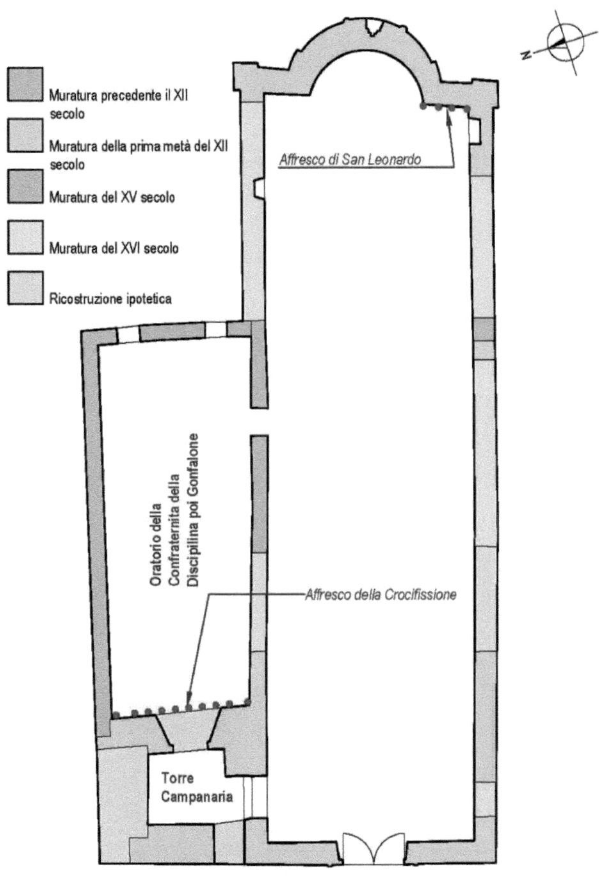

V Fase costruttiva - Seconda metà del XVII secolo (1666).

Nell'Archivio della parrocchia di San Silvestro è conservato il documento più importante per ricostruire la storia del monumento dal XVII al XVIII secolo: l'Inventario del 1757[41].

Da esso risulta che nel 1666[42] fu ricostruita in parte la muratura e tutto il tetto. Questa ricostruzione rappresenta l'inizio della trasformazione radicale dell'edificio.

La chiesa che fino al 1618, anno della Visita Pastorale del Vescovo Dionisio de Martinis,[43] era a navata unica, viene divisa in due parti da un muro costruito intorno all'altare maggiore spostato dal fondo della navata. Questi due spazi creati, diversificati nella volumetria esterna con diverse altezze, costituiscono il primo la navata della chiesa, il secondo più basso, la sacrestia.

Viene poi modificata la facciata con l'apertura di una finestra ellittica al disopra del portale romanico e la costruzione di due lesene ai lati della parete sormontate da un cornicione; il tutto intonacato e tinteggiato.

Anche il campanile viene modificato ed assume la forma attuale. L'unica parete rimasta del precedente, forse a causa di un crollo della muratura, viene rialzata a formare le due falde del tetto e intonacata. L'intonaco, nella zona della gronda, forma una decorazione ad archetti che corre seguendo la pendenza della copertura e prosegue su tutti e quattro i lati

Nepi, Santa Croce, prospetto sud, campanile , resti di decorazione ad archetti visibili nella parte alta al disotto del manto di copertura.
Foto anno 1992, Arch. Massimo Soldatelli. Archivio personale.

Ora, di questa decorazione, ne rimane una piccola traccia sulla faccia sud ma era ben visibile fino al 1974, come appare chiaro da un rilievo architettonico dello stesso anno.

L'indagine metrologica ha confermato che tale strutturazione è avvenuta nella seconda metà del XVII secolo.

---

41 Archivio della Parrocchia di S. Silvestro, *Inventario, anno 1757.*

42 Archivio della Parrocchia di S. Silvestro, *Inventario, anno 1757,* foglio 1v.

43 Archivio Diocesano di Sutri, fondo Vescovi, sezione Dionisio DE MARTINIS (1616-1627), busta n. 10, *Visita Pastorale Generale di Nepi e Sutri,* anno 1618, fogli 31v, 32.

- **Analisi della muratura databile seconda metà del XVII secolo.**

Struttura muraria costruita con bozze o blocchi spaccati di tufo, di varie dimensioni, allettati con malta pozzolanica grossa. Questa muratura è visibile:

- nella parete est, al disopra dell'abside per formare la pendenza del tetto, con spessore uguale alla muratura della prima metà del XII secolo;
- nella finestra dell'abside come tamponatura della stessa;
- nella parete nord, dal davanzale dell'attuale finestra della sacrestia vecchia fino al tetto;
- nella parete sud, dove occupa la gran parte della porzione centrale;
- nella facciata, dove occupa la parte superiore del portale.

Il documento del 1757 permette quindi di datare con sicurezza questa apparecchiatura muraria.

Muratura databile seconda metà XVII secolo

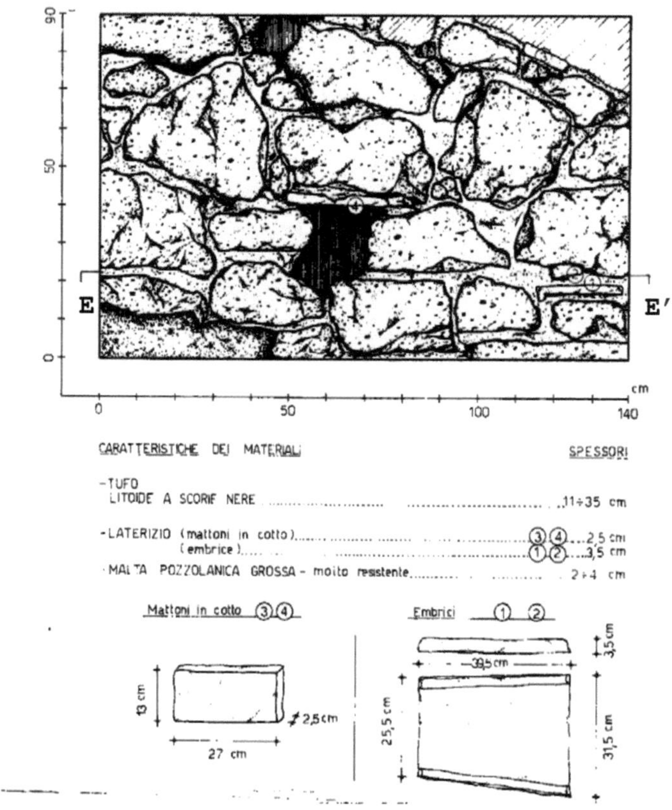

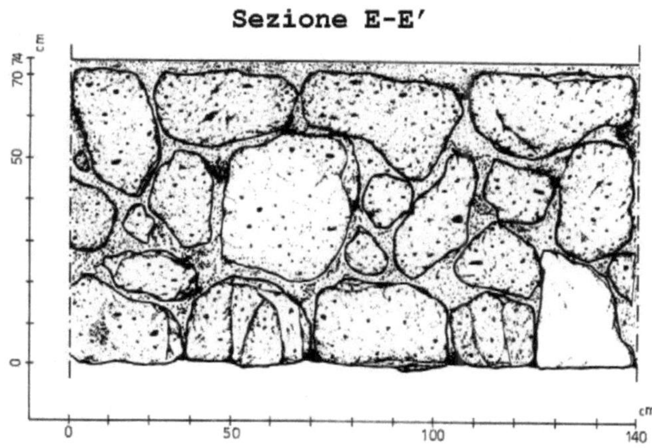

Nepi, Santa Croce, prospetto est,
individuazione della porzione di muratura rilevata per la datazione.
Foto anno 1992, Arch. Massimo Soldatelli. Archivio personale.

Nepi, Santa Croce, prospetto est, individuazione della porzione di muratura rilevata per la datazione, rilievo architettonico, anno 1992.
Disegno originale in scala 1:50, Arch. Massimo Soldatelli. Archivio personale.

- **Analisi metrologica e geometrico-proporzionale.**

1. Determinazione del parametro metrologico.

Il parametro metrologico individuato per le modifiche apportate in questo periodo è il palmo romano (m. 0,2234) [44], unità di misura in uso nel XVII secolo.

La conferma dell'uso di questa unità di misura ci viene anche da una Visita Pastorale del 1696 [45]. In questo documento descrivendo la chiesa di Santa Maria Assunta di Trevignano, il visitatore riporta le misure di altezza e larghezza dell'edificio insieme ad altre dimensioni riferite agli altari e relativi corredi, in palmi romani.

Il muro dietro l'altare maggiore si trova distante dalla curva absidale 33 palmi (m. 7,37) e rispetto alla facciata si trova a 77 palmi (m. 17,20). Tale muro è largo 22 palmi (m. 4,91), le porte ai lati dell'altare sono larghe 3 palmi (m. 0,67).

2. Analisi geometrico-proporzionale

L'asse trasversale della chiesa sul quale sono costruite le due cappelle, interseca l'asse longitudinale dopo 36 palmi (m. 8,04), individuando la metà della distanza che va dall'esterno della porta d'ingresso alla base dell'altare maggiore. In totale 72 palmi (m.16,08).

Dividendo in quattro questa misura si ottiene un modulo di 18 palmi (m. 4,02) che è alla base del proporzionamento dei due bracci costituenti la croce della pianta. Quattro moduli da 18 palmi costituiscono la lunghezza della navata dell'edificio e quattro moduli rappresentano la misura dell'asse trasversale, sul quale si trovano le cappelle.

[44] DOCCI, Mario, - MAESTRI, D., *Il rilevamento architettonico,* Bari, Laterza. 1984, pp. 174, 189 n.15.

PRINCIPALI MISURE DI LUNGHEZZA IN USO DAL MEDIOEVO FINO ALL'INTRODUZIONE DEL SISTEMA METRICO DECIMALE	
UNITA' DI MISURA	CORRISPONDENZA IN METRI
Palmo romano	0,2234
Canna architettonica	2,234 (= 10 palmi romani)
Catena architettonica	11,1711 (= 5 canne architettoniche)
Piede	0,297
Catena agrimensoria	12,8467

[45] CHIRICOZZI, Pacifico, *Le chiese della Diocesi di Nepi e Sutri nella Tuscia Meridionale,* Roma, NES, 1990.

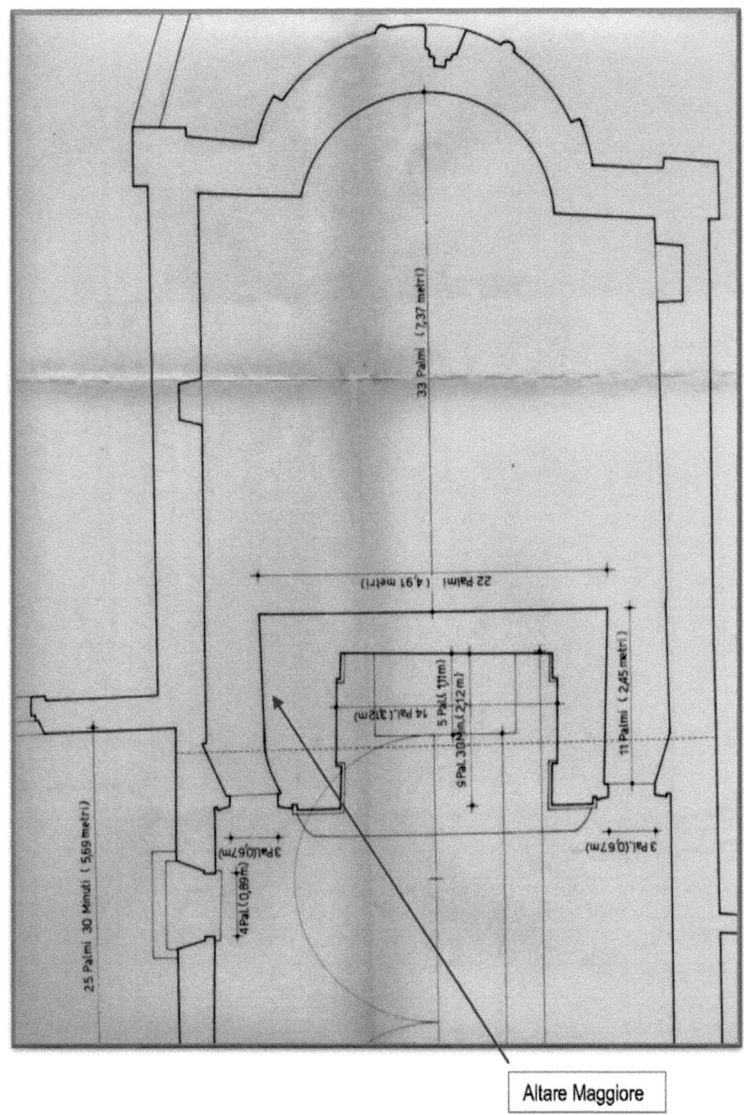

Nepi, Santa Croce, pianta con indagine metrologica,
porzione riguardante l'abside e la sacrestia vecchia, rilievo metrico, anno 1992.
Disegno originale in scala 1:50, Arch. Massimo Soldatelli. Archivio personale.

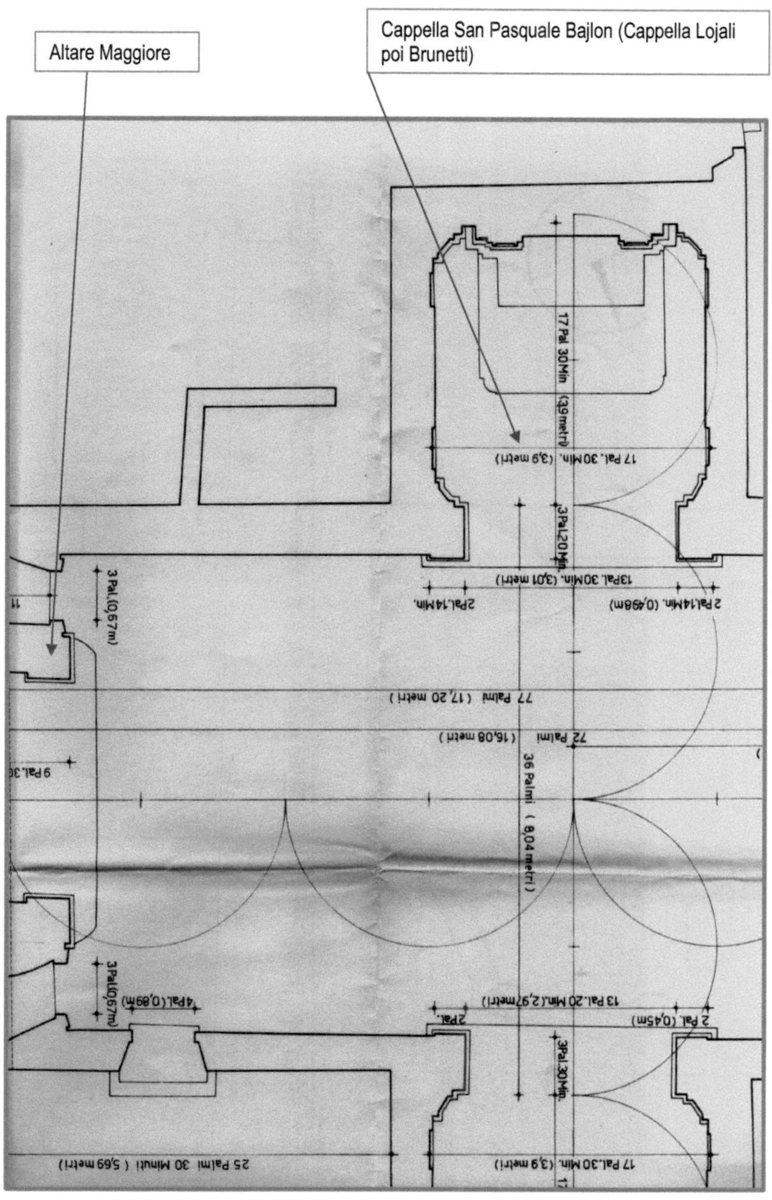

Nepi, Santa Croce, pianta con indagine metrologica,
porzione riguardante la parte centrale della navata e la cappella San Pasquale Bajlon,
rilievo metrico, anno 1992.
Disegno originale in scala 1:50, Arch. Massimo Soldatelli. Archivio personale.

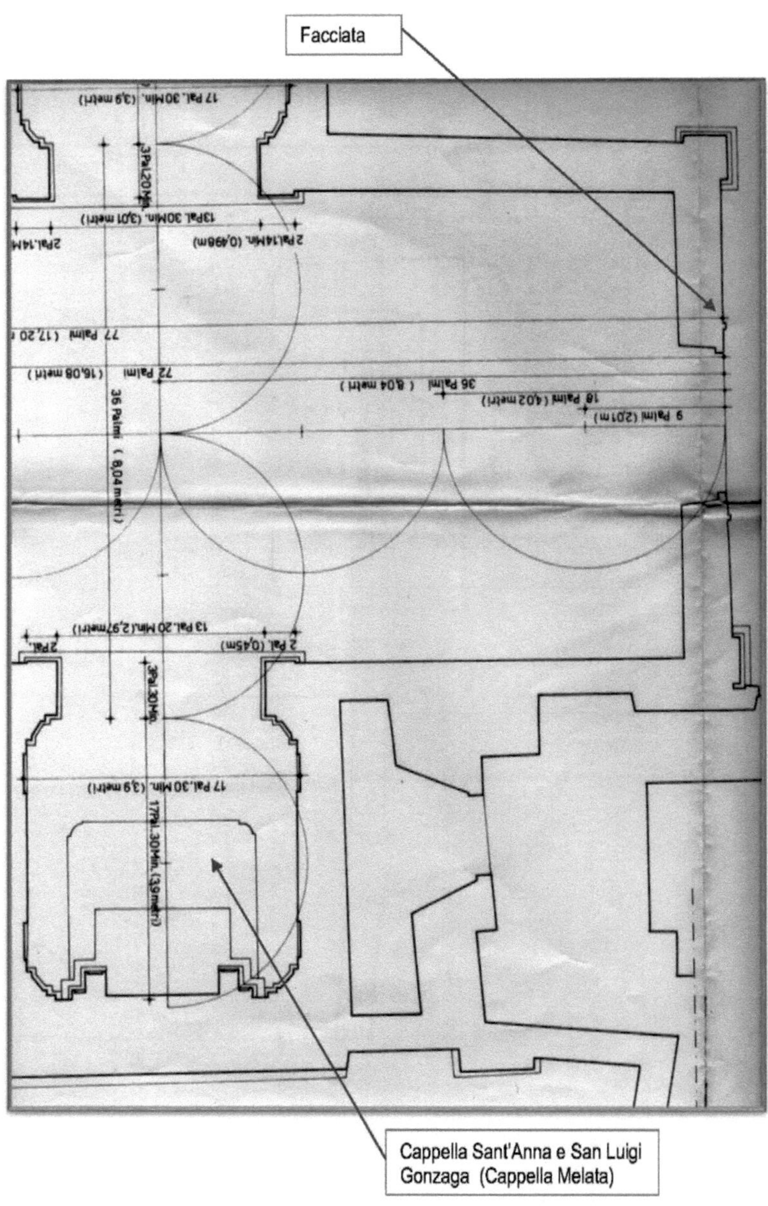

Nepi, Santa Croce, pianta con indagine metrologica,
porzione riguardante la parte iniziale della navata e la cappella Sant'anna e San Luigi Gonzaga,
rilievo metrico, anno 1992.
Disegno originale in scala 1:50, Arch. Massimo Soldatelli. Archivio personale.

DOCUMENTI D'ARCHIVIO.

L'unico documento riguardante la chiesa di Santa Croce a Nepi nel XIV secolo è un atto notarile del 1397 che notifica la vendita di due orti posti nella parrocchia di Santa Croce nei pressi della chiesa[46].

SHEDA DOCUMENTARIA n° 3

Archivio storico del Comune di Nepi, fondo Notaio, sezione Pietro DI COLA FORTE, Cod., A-a c. 14.

18 marzo 1397

Iannes, dictus alias Cacante, quondam Petrucii Carosi dicti alias lo Cerro de Nepe, vendidit Iannitano,dicto alias Ianituerto de dicto loco, duo orticella posita intus Nepe in parrochia sanctae Crucis, iuxta rem heredum Iannis Guadagnoli, rem ipsius Cacantis, rem Ianituerti, rem Pancratii Iannis la roscia rem ecclesiae sanctae Crucis, vias publicam et vicinalem.

Il primo documento che nomina e testimonia dell'esistenza dell'ospedale è del 1437. Si tratta di un protocollo dell'archivio notarile mandamentale di Nepi scritto dal notaio nepesino Angelo di Giovanni di Cola Forte.[47] Tramanda la notizia di un evento letale che si manifestò nella stessa città i primi giorni del mese di agosto 1437 e nei mesi successivi. Questo documento riporta un elenco di defunti distinti per parrocchia e quando elenca i morti della parrocchia di Santa Croce descrive alcune circostanze del decesso dei singoli: in ospedale, all'interno di esso o nell'orto dello stesso.

SHEDA DOCUMENTARIA n° 4

Archivio storico del Comune di Nepi, fondo Notai, sezione Angelo DI GIOVANNI DI COLA FORTE, Cod., A-a c. 126.

CHRISTUS

Homines qui decesserunt in anno Domini 1438 in mense augusti die nona et dinceps pro peste.

<u>**In sancta Maria**</u>

(Omnes in hospitali)

Cola Marci
Uxor Clementis Petrocchi
Gulgiermus hospitalarius
Iulianus Iannis Romani
Duo filii Bartholomaei Martinotii
Filius Lelli Iannis Iovenecti
Filia Bartholomaei Martinotii
Filius praedicti Lelli
Duae filiae Iacobi Corradi

<u>**In sancto Petro**</u>

Filius ser Angeli

---

46 Archivio storico del Comune di Nepi, fondo Notaio, sezione Pietro DI COLA FORTE, Cod., A-a c. 14.

47 Archivio storico del Comune di Nepi, fondo Notai, sezione Angelo DI GIOVANNI DI COLA FORTE, Cod., A-a c. 126.
Nel protocollo del Notaio Angelo di Giovanni di Cola Forte, si riporta un elenco di morti per un'epidemia divisi per parrocchie. Riguardo alla parrocchia di Santa Croce ci tramanda per la prima volta l'esistenza di un ospedale.

In sancto Eleutherio
Iacobus Pancratii

In sancta Anastasia
Filia Stephani Scalavini
Filius dicti Stephani
Filia magistri Andreae fabri

In sancto Cratuliano
Filius Cappelani
Duo filii Titi

In sancto Blaxio
Filia Pauli Petucchi
Filius Iannis Pilosi
Uxor Francischini

In Sancta Cruce
(in bracchio et intus)
Filius Vannoli de lo guazzo
Filius Iacobi de lo guazzo
Filia Iacobi praedicti
Vannolus de lo guazzo (in lecto et in orto)
Filia Marci de Carbugnano (in bracchio et sollos XIII)
Filia dicti Marci (in lecto)
Filius Pauli Mariole (in lecto intus; pro offitiatura et sepultura libre tres et lintheamina)
Filia Marci de Carbugnano (in bracchio et sollos XIII)
Filius Andreutii Andreae Nucii de Ischi (in bracchio intus sollos 50 et lintheamina)
Filius Augustini Ciceronis (in bracchio intus sollos 50 pro sepultura)
Unus in hospitali denarios 10; (presbiter Lellus non----)
Filia Iovenecti (intus sollos 25 pro sepultura)
Duo filii Iancricchi (in bracchio intus sollos 60)
Unus in hospitali et nullus fuit
Filia Petri Nigri (intus)
Antonius Cianche (longe in orto)

Solverunt omnes pro offitiatura sollos 107 et denarios 17; et pro sepultura carolenos 8, de quibus quilibet portionem suam habuit, exceptis Matthaea et Ieronima, pro quibus solvi vologenos 9 pro sale.
Purs Lelli hubuit Matthias quae sibi debebatur per dictum Lellum quia habuerat 5 vologenos---

In sancta Andrea
Filia Petri Ortulani
Rentius Mariole
Filius Rentii Mariole
Paulus Minachi

Memoria quod nec ego recepi de sepultura filiorum Stephani Scalavini vologenos tres

Item solvi pro uno scortio cum dimidio salis pro domino episcopo, pro Sancta Anastasia, presbitero Matthaeo Succini vologenos 28

Item habuit dominus episcopus de offitiatura filiorum --- sollos 6 superfluos; et bis habuit, nam ego credidi non dedisse, et ego dederam.

Nel 1461 come riportato nel Diario Nepesino[48] si comincia a tenere la scuola a Santa Croce. Lo stesso Diario conferma, con numerosi episodi riportati, l'importanza della chiesa, dell'ospedale, della confraternita e dell'arciprete di Santa Croce nella vita della città.

SHEDA DOCUMENTARIA n° 5

LEVI, Guido, *Diario Nepesino di Antonio Lotieri de Pisano*, Roma, a cura della Società Romana di Storia patria, 1883, pp. 9, 13-18, 21, 25, 29, 36, 43, 47, 50-52, 54-55, 57, 63, 64.

1460 novembre 18 (pag. 9)
Prete Iuliano d'Arcangelo entra sostetuto de prete Antonio de Stephano in, sancta Maria de Nepe, et capciande Arciprete de sancta Croce.

1461 novembre 3 (pag. 13)
Francesco de Mazano cominza ad tenere la scola in Nepe ne la cella de sancta Croce.

1461 novembre 9
L'Arciprete de sancta Croce presenta una lectera a lo Vicario de lo Vescovo in sancta Maria, ne la qual lectera se conteneva, che l'Arciprete devessi stare ad beneplacito de lo Episcopo, et l'Arciprete disse, che ce voleva stare nelle cose rascionevole.

1462 maggio 5 (pag.14)
Ser Paolo renunza sancto Pancratio nelle mano de lo Vescovo, et lo Vescovo lo conferì ad sancta Maria, presenti questi testimoni: Angelo de Forte, arciprete de sancta Croce, et mastro Ianni sartore de Ronciglione; et questo fò nello vescovato.

1462 dicembre 25 (pag. 15)
Prete Victorio, cammorlengo de sancta Maria, non volze dare l'offerta ad certi chierici, cioè Arciprete de sancta Croce, ne ad prete Giverio, ne ad prete Angelo de Antonio Pecoraro suo sobstetuto: quelli se ne appellaro a lo Vescovo, et lo Vescovo volze l'avessiro.

1463 gennaio 2 (pag. 15)
La Vescovo ce mise in mano de prete Benincasa et de lo Vicario et meye la deferentia de ser Pancratio et de la Frusta.

1463 gennaio (pag. 16)
Fuemmo prete Benincasa, prete Angelo de Antoscio et io ad vedere certa differentia in fra la Frusta et ser Pancratio per lo facto de uno orto posto nello spiazzo; lo quale orto ser Pancratio dece che è lo suo, che fò de Tomio Antonio; et questi de la Frusta dicono che è de lo spedale de sancta Cruce, che nelle lassa Catarena de Antonio de Cimece; si che noi deliberarno che ciasche uno de li parti mustrino li loro rascione, et, vedute le rascione de li parti, ne consigliaremo a le spese de lo perdente; quod sunt Cesaris, Cesari, et que sunt Dei, Deo, et uasta.

1463 gennaio 30 (pag.17)
Lo Vicario de lo Vescovo fece uno comandamento ad Arciprete de sancta Croce che, in termene de doi dii proximi da venire, devesse mustrare la lectera

48 LEVI, Guido, *Diario Nepesino di Antonio Lotieri de Pisano*, Roma, a cura della Società Romana di Storia patria, 1883, pp. 9, 13-18, 21, 25, 29, 36, 43, 47, 50-52, 54-55, 57, 63, 64.

de la sostitutione de lo servitio de l'arcipretato de sancta Maria, et, in caso che non la mustrasse, da quello in poi non l'amectera più a lo servitio de lo dicto arcipretato, et de questo ne fui rogato io, prete Antonio, presenti prete Benedicto, prete Macteo de Scalorza, et Menico de Stefano. Actum hoc in Nepe in portico ecclesie sancte Marie.

1463 febbraio 4 (pag. 17)
Fuemmo ad sancta Croce nello lueco de la desceplina per lo facto de l'orto, che tene ser Pancratio, et in tucto volevano che io renunzassi la hereditá de Catarena de Cimece, et io non la volsi renunzare.

Rienso de Rechie me mustra una lectera de misser Gabriello, dove se conteneva, che era stato Arciprete de sancta Croce, frate Bernardino et Cristofaro de Stephano ad pregar misser Gabriello che le renonzasse Sancto Tolomio; et misser Gabriello disse, che non faria cobelle sansa lo capitolo de sancta Maria. Bona voluntas habetur pro re completa.

1463 febbraio 6 (pag. 18)
Lo priore et lo factore e certi altri de la Frusta so giti a lo Vescovo per lo facto de l'orto infra la Frusta et ser Pancratio.

1463 novembre 24 (pag. 21)
Essendo a collatione nello vallatoro de la cella de sancta Croce disse Tortoglio, che sefinirà la mortarita, et che non morarando supra ad novi persone, et se passa novi, ce non passa quinici. Dio lo faccia per la soa misericordia.

1464 marzo 20 (pag. 25)
Archipresbiter sancte Crucis ivit Romam ad indulgentiam sancti Benedicti, quod vocatur Ierusalem.

1464 marzo 22 (pag. 25)
Supradictus Archipresbiter in reversione cedit ecum super eum, et franxit se unam gammam.

1464 aprile 7 (pag. 25)
Magister Sanctes de Formello actavit gamma archepresbitero Sancte Crucis, qui non erat bene actata per Antonium de Cellecto.

1464 luglio 15 (pag. 29)
Angelus Fortis, archipresbiter sancte Crucis de Nepe excumunicavit Ianni Factoris in excumunicatione papale, et fuit in die sancti Quirichi et Juliecte.

1464 agosto 5 (pag. 29)
Domenicus de Monctucii de Sena gubernator in dicta civitate

precepit et mandavit Archipresbitero sancte Crucis quod debet rendere rationem de toto tempore, quo fuit Camerario Camere apostolice, et ipse appellavit ad Ligatum, quod erat ad sanctum Martinum prope Viterbium, et fecit pro non debere videre dictam rationem et similiter de furno Macthei Masci.

1465 maggio 16 (pag. 36)
Archipresbiter sancte Crucis ivit ad Balneum, et ibi erat frater Bernardinus de Sutro, et ivit cum eo Grisostomo suo nepote.

1465 novembre 23 (pag. 43)
Archipresbiter sancta Crucis ivit ad castrum Stabie ad nuptias---

1466 agosto 3 (pag. 47)
L'Arciprete de Sancta Croce et Grisostomo annaro nella badia alla Abia.

1466 agosto 16 (pag. 47)
Io prete Antonio vidi infra li contracti de lo Arciprete de Sancta Croce, una bolla, registrata per mano de esso prete Angelo, arciprete predicto. La qual bolla era facta per papa Eugenio, nella honione de li vescovati de Nepe et de Sutro.

1466 ottobre 27 (pag. 50)
Recessit Dominus Episcopus, et ivit ad Magliano, et ivit cum archipresbitero sancte Crucis

1466 novembre 5 (pag. 51)
Fuit Nepe Iannes famulus domini Episcopi et portavit litteras Archipresbitero sancte Crucis, una de sepulturis recipiendis, et altera littera substitutionis castri Maleani.

1466 novembre 28 (pag. 52)
Arciprete de santa Croce gine ad stare a Magliano Pecorareccio.

1467 aprile 3 (pag. 54)
Angelus Alterii de Urbe, episcopus nepesinus et sutrinus dedit canonicatum ecclesie sancte Marie Archipresbitero sancte Crucis.

1467 aprile 11 (pag. 54)
Archipresbiter Sancte Crucis cepit servire canonicatum suum, quod olim fuit presbitero Silvestro, et nunc litigat ipsum canonicatum cum : Filippo Angeli de Valle.

1467 aprile I6 (p ag, 55)
Misser Christofano de Stefano presenta una inibitoria ad misser lo Vescovo, che non procedesse più nanzi nello

canonicato, che aveva conferito a lo Arciprete de sancta Croce; et in quella inibitione stava la citatione de l'arciprete de Sancta Croce, che devessi comparire, et giero a Magliano ad presentare la dicta citatione

1467 maggio 3 (pag.57)
Fuit festum sancte Crucis

1467 dicembre 7 (pag. 63)
Arciprete de Sancta Croce essendo in casa de prete Benedicto, allora cammorlengo facta colatione, l'arciprete de Sancta Croce capcia fore la patente del vicariato de lo Vescovo, come era vicario generale etc.

1467 dicembre 27 (pag. 64)
Angelo de Corgneto entra camorlengo nella Frusta.

Il documento fondamentale per la conoscenza del monumento nel XVI secolo è la Visita Apostolica del 1574, della quale riporto la trascrizione integrale delle parti riguardanti la chiesa di Santa Croce. In questo documento il visitatore apostolico, Monsignor Alfonso Binelarini Vescovo di Rieti, descrive la chiesa e i suoi altari, l'Oratorio e l'ospedale adiacente amministrato dalla Confraternita della Disciplina e Gonfalone.[49]

In questo periodo la chiesa era probabilmente la seconda per importanza dopo il Duomo, infatti, era una collegiata con un arciprete e due canonici.[50] In questo documento è riportata la descrizione dell'affresco rappresentante la Crocifissione presente all'interno dell'Oratorio *(foglio 17 verso)*, il ritrovamento di ciò che resta di questo affresco mi ha permesso di individuare la posizione dell'Oratorio rispetto al corpo della chiesa. Nella descrizione degli altari viene nominato un altare dedicato a San Leonardo*(foglio 16 recto)*[51]. Lo sfaldamento dello strato superficiale dell'intonaco sulla parete a destra dell'abside, ha riportato alla luce parte di un affresco raffigurante S. Leonardo, due figure oranti incatenate con la veste bianca e sulla destra due figure con delle brocche che sembrano intente ad attingere acqua[52]. Parte di quest'affresco è ancora coperto dalle decorazioni settecentesche raffiguranti grandi conchiglie e ornati floreali presenti anche sulle altre pareti della sacrestia vecchia.

Sempre la Visita Apostolica riporta che nel pavimento della chiesa erano presenti cinque sepolture *(foglio 17 recto)* e nella

49 Archivio Pontificio Vaticano, Sacra Congregatio Episcoporum et Regularium, sigla VR n. 17°, *Visitatio Nepesina. Visita Apostolica anno 1574,* foglio 4v.

50 Archivio Pontificio Vaticano, Sacra Congregatio Episcoporum et Regularium, sigla VR n. 17°, *Visitatio Nepesina. Visita Apostolica anno 1574,* foglio 4.

51 Archivio Pontificio Vaticano, Sacra Congregatio Episcoporum et Regularium, sigla VR n. 17°, *Visitatio Nepesina. Visita Apostolica anno 1574,* foglio 16.

52 Le due figure oranti incatenate, possono far identificare il santo che implorano come San Leonardo. I carcerati e i bisognosi potevano confidare nella misericordia e nella generosità dei membri della Confraternita di San Leonardo: ogni anno, il Venerdì Santo, questa Confraternita aveva diritto di liberare un condannato.
La Confraternita del Gonfalone già Disciplina, invece, si faceva carico di raccogliere le elemosine per riscattare gli schiavi cristiani caduti in mano ai turchi.

parete a sinistra dell'entrata dell'Oratorio era visibile un'antica immagine di Sant'Antonio *(foglio 17 verso)*. Di questo affresco oggi non ne rimane traccia[53].

L'ospedale, sempre nella descrizione del visitatore Apostolico, risulta essere uno stabile di tre camere, la pianta della chiesa è a navata unica con l'oratorio addossato sulla parete nord [54].

SHEDA DOCUMENTARIA n° 6

Archivio Pontificio Vaticano, Sacra Congregatio Episcoporum et Regularium, sigla VR n. 17°, *Visitatio Nepesina. Visita Apostolica anno 1574*, fogli 1-4v, 15 – 19.

*(In **grassetto sottolineato** le parti del documento riguardanti gli affreschi ancora visibili all'interno della chiesa e le parti riguardanti l'ospedale l'oratorio e alcune usanze della Confraternita del Gonfalone)*

VISITATIONES DIOCESIS SUTRINE AC NEPESINE ANNI 1574

In Nomine Domini Amen Anno a nativitate Domini nostri Iesu Cristi millesimo quingentesimo septuagesimo quarto, tempore pontificatus sanctissimi in Cristo patres et domini nostri Gregorii divina providentia pape decimi tertii indictone secunda mensis martii, die vero septa.

Hoc est quidam copia publica sive exemplum omnia et singulares res et ordinationem scriptas in visitationem facta in Civitate Nepesina et nonnullis aliis locis per Reverendissimum Dominum Alfonsum Binelarinum episcopum reatinum et in pronuncia patrimonii a Sanctissimo Domino nostro papa Gregorio decimo terzo visitatorem specialiter deputato ex proprio et vero originali scriptas de verbo ad verbum fideliter prout tacent per me notarium infrascriptum qui de ipsa visitationem rogatus fuit, datum quod in dicta copia publica appareant aliquem reminem cum aliquandi cassature tamen id advenit velocitatis calami et nonnilio tenor vero talis est prout infra videlicer.

(**foglio 4**)

Die quarta februarii 1574

<u>In Ecclesia collegiata Sanctae Crucis dictae Civitatis Erant Archipresbiter et duo Canonici. Reverendissimus dominus Curtius Civillettus est Archipresbiter qui possedit et alterum ex canonicatibus vacantia per privationem Domini Quererii Menecuciis a Reverendissimo Domino Donato Stampa episcopo nepesino et sutrino factum unitum dicto Archipresbiteratus</u> *per sanctissimam memoriam Pium papam quintum simul cum altero canonicatum qui possidet Reverendissimus Dominus Fabius de Fatii ut idem Reverendissimus Dominus Curtius archipresbiter praedictus uno annualis dictus archipresbiteratus et altero canonicatu quem possidet Dominus Curtius archipresbiter sunt decem scutos ad circa, expendunt pro candelis in purificationem scuta quinquem cum onere dicendi missa bis in --------- idest diebus dominicis et lunes.*

Reverendissimus dominus Fabius de Fatiis alter canonicus dictae Ecclesiae Sanctae Crucis habet annuatis redditus iulios viginta quinquem vel circa --------- canonicatu

53 Archivio Pontificio Vaticano, Sacra Congregatio Episcoporum et Regularium, sigla VR n. 17°, *Visitatio Nepesina. Visita Apostolica anno 1574,* foglio 17 e 17v.

54 Archivio Pontificio Vaticano, Sacra Congregatio Episcoporum et Regularium, sigla VR n. 17°, *Visitatio Nepesina. Visita Apostolica anno 1574,* foglio 17 e 18v.

(foglio 4, verso)

quem canonicatus ibidem dominus Fatiis asseruit est unitus cum canonicatum quem idem dominus Fatiis habet in ecclesia cathedralis.

In ipsa Ecclesia Sanctae Crucis est societas --------- confallonis --------- disciplinae quae societas est unitas cum hospitali infrascripto.

Prope dicta Ecclesia Sanctae Crucis est hospitale cuius redditus annualis ascendit ad summam scutorum sexaginta ad circa, datantum organa pulsanti iulios quindecim ultra expensas quotidianas intinendis infirmis et recipiendis pauperibus. [...]

(foglio 15)

[...]

-Dicta die-

Reverendissimus Dominus proseguendo visitationem adiit Ecclesiam Collegiatam Sanctae Crucis curam animarum habentem cuius archipresbiter est Reverendissimus Dominus Curtius Civillettus Nepesinus et duo canonici Dominus Fabius de Fatiis alter uno vacat pro privationem Quereii de Menecuciis cuius canonicatus est unitus Archipresbiteratus praedicto. Archipresbiteratus habet redditus circa scutorum septem annuatim et cuiuscunquem canonicatus redditus scuta tria

(foglio 15, verso)

quem parochia habet domos seu focularia octuaginta. In primis facta debita orationem et audita missa vidit et visitavit altarem maius praedictae Ecclesiae in quo erat pallium coraminis decorati tres tabellii duas candelabra lignea et carta--------- cum Crucem immaginis Domini nostri Iesu Cristi *et quia dictus altare non apparit est obscuratum propterea Dominus mandavit Reverendissimo Domino Curtio archipresbitero praedictae Ecclesiae quod in praedicto altare non celebrat neque celebrare faciat sine altari portatili sub pena suspensionis a divinis ac cum Dominus mandavit eidem quod praedicto altari de duobus aliis candelabris saltim ligneis depictis.*

Reverendissimus Dominus vidit et visitavit Sanctissimum Sacramentum oleii infirmorum quod erat positum in una finistrilla prope altare maius a parte destera praedictae Ecclesiae quod conaervabat in vasculo --------- quondam bussulam ligneam.

Dominus mandavit praedicto archipresbitero quod infra mensem faciat vasculam panneam in quod magis decenter oleum sanctorum ipsum conservat sub pena unius scuti locis piis applicando arbitrio Reverendissimi Domini.

Reverendissimus Dominus vidit et visitavit altare indotatum et ex divotionem contractum sub --------- Sanctae Cattharinae a quodam mastro Jacobo Ciaglia et ex divotionem familiae dictus fundator quam eius heredis solent celebrare facere missas in festivitatis Sanctae Cattharinae penitus expoliatum ex quo tabellii et alia quem ad presens sunt in dicto altare sunt ipsius Ecclesiae pro ut retulit Reverendissimus archipresbiter propterea Dominus mandavit dominis et patronis dictis altaris quod infra duos menses provideant de altari portatili trius tabelliis pallio saltim coraminis decorati duos candelabris

(foglio 16)

saltim ligneis depictis, Crucis saltim lignea depicta et carta --------- sub pena arbitrio ipsius Domini cum ordinans loci.

Dominus mandavit cancellari at penitus de Domini listuas in ---------dicti altari descriptis.

Reverendissimus Dominus vidit et visitavit altare indotatum constructum a Domino Hieronimo Sali Nepesino sub *---------*

*<u>**Sancti Leonardi**</u> et ex divitionem sua in quolibet sabato cuiascunque --------- celebrari facit una missa in quo altari erat tutumodo pallium coraminis decoratis satis decens.*
Dominus mandavit praedicto patroni praedicti altaris quod infra duos menses provideat de altari portatili, tribus tabelliis duos candelabris saltim ligneis depictis crucem saltim lignea depicta et carta
Dominus mandavit listuas descriptas in altari praedicto tamquam profanos deleri.

Nepi, Santa Croce, L'affresco di San Leonardo sulla parete alla destra del catino absidale.
Foto anno 1992, Arch. Massimo Soldatelli. Archivio personale.

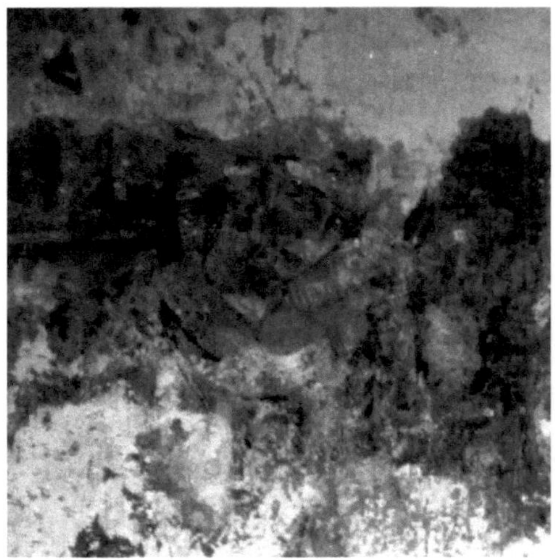

Nepi, Santa Croce, affresco di San Leonardo.
Particolare del volto di San Leonardo
Foto anno 1992, Arch. Massimo Soldatelli. Archivio personale.

Nepi, Santa Croce, affresco di San Leonardo.
La figura orante ai piedi del santo
Foto anno 1992, Arch. Massimo Soldatelli. Archivio personale.

Nepi, Santa Croce, affresco di San Leonardo.
Le figure a destra nell'afresco
Foto anno 1992, Arch. Massimo Soldatelli. Archivio personale.

Reverendissimus Dominus vidit et visitavit altare sub Sanctae Mariae -------- indotatu constructum ex divotionem a familia Nicolaii Salamonii nepesini penitus dispoliatis in quo altare solet celebrare -------- missas in festivitatis Sanctae Mariae de -------- Dominus mandavit patronis praedictis altari quod infra duos menses provideant de altari portatili, pallio saltim coraminis decorati tribus tabelliis duos candelabris saltim ligneis depictis Crucem saltim lignea depicta et carta -------- sub pena arbitrio Reverendissimi Domini imponenda cum ordinaris loci.
Vidit Dominus infrascripta bona mobilia utensilia praedictae Ecclesiae in primis duo calices uno in toni argentum altero vero cum coppa argentia tantum et quia coppa calicis argentii est fracta.
Dominus mandavit Archipresbitero quod infra mensem adestari et risarciri faciat sub pena duorum scutorum locis piis applicandum.

(foglio 16, verso)

stabilia infrascripta etiam vidit duas pateras una in toni argenteam altera vero coram decorata et quia patera argentea est salii parva propterea Dominus -------- amphorem et decensiorem fieri.
Reverendissimus Dominus vidit una planeta ex rubeii coloris cum alba amitta stola manipulo cuiusdem albuis tantum.
Dominus mandavit Reverendissimus Archipresbitero et canonicis quod infra annum stante paupertatem faciat planetam de sirico albiis coloriis amitta stola e manipulo eiusdem coloris.
Dominus mandavit faciat aliam planeta ex panno nigro cum stola et manipulo eiusdem coloris sub pena duorum scutorum applicando ut supra.
Dominus mandavit faciat aliam planetam ex ciambellotto rubeii coloris cum stola manipulo eiusdem coloris cum alba amitta sub pena scutorum decem locis piis applicando arbitrio eiusdem Reverendissimo Domino vel ordinaris loci.

Dominus vidit quod dicta Ecclesia habet duo corporale satis de verdia cum una cotta de sirico in badecatelli cum suis pallis et cum uno velo tantum et sex purificatoris.
Dominus vidit tantum duas ampullas vitreas pro vino et aqua
Dominus mandavit Archipresbitero et canonicis quod infra menses faciat bacilestu ubi ponant ampullae praedictae saltim ex creta alba et cum una caldarella cretae pro spargendo populo sub pena unius scuti applicando ut supra.
Dominus mandavit Reverendissimo Domino Archipresbitero et canonicis quod infra duos dies debeat dare inventarium omnia bonorum mobilia et

(foglio 17)

stabilia praedictae Ecclesiae ac etiam deferant bullam et listuas -------- nonnullis.
Reverendissimus Dominus vidit et visitavit totum corpus Ecclesiae et in pavimento dictae Ecclesiae erant quinque sepolture sine lapidibus copertoriis propterea, *Dominus mandavit Dominis praedictae sepolturae quod infra duos menses ponant lapidis copertorios et decenter coperiant praedictae sepulturae non Ecclesia ipsa deformet sub pena scutorum decem locii piis applicando arbitrio Reverendissimi Domini vel ordinarii loci.*
Dominus mandavit reverendissimo archipresbiter et canonicis quod infra tres menses faciat impanatas saltim de omnibus fenestris dictae Ecclesiae sub pena scutorum quinques locis piis applicando arbitrio Domini vel ordinars loci. Reverendissimus Dominus vidit messalem seu et catthemminum.
Reverendissimus Dominus vidit et visitavit immaginem Sancti Antonii a partem sinistra oratoriis confraternitatis confallonis et disciplinae antiqua immagine non erat aliquem altarem ut retulit *Dominus archipresbiter in die festivitatis Sancti Antonii solent deponi ante ipsam immaginem tabulam ligneam in qua ex divotionem -------- celebrari faciunt missas.*
Dominus mandavit quod in tabula et altari ligneo non celebratur sed faciat altarem lapideum et cum altari portatili celebrant sub pena suspensionis.

-Eodem die-

Vidit et visitavit oratorium situs prope dictae Ecclesiae Sanctae Crucis a qua habet introitum quod quidem oratorium est confratrium societatis confallonis in quo erat unum altarem lapideum in quo ut dixerunt dicti confratris non celebrat in quo oratorio prope dictum

(foglio 17, verso)

altarem erat exclusa seu scaltas sanctissima immago Domini nostro Iesu Cristi Crucifissi et depicta alia imago sanctissimi Crucifissi cum imagine santissimis virginis et Sancti Johannis Evangelisti in quo quidem oratorio omnibus diebus dominicis confratrem praedictae societatae convenient et quilibet confratres ante immaginem Domini nostri Iesu Cristi genibusflexis tenent recitare quinque pater noster quinque ave Mariae ad onorem et gloria quamque plagae -------- Domini nostri Iesu Cristi et facta dicta orationem et saluta -------- praedicti confratis una cum Reverendissimo archipresbitero dictae Ecclesiae Sanctae Crucis dicant litanias et ante hoc predicto reverendissimo archipresbitero recitant septem salmos penitentialis et praedicti confratres in festivitatem Sanctae Annae et exaltationem Sanctae Crucis tenent celebrarei facere missas in Ecclesiae Sanctae Crucis et quod in dicti festivitatibus solebant facere convivium presbiteris celebrantis missas.

Dominus mandavit quod de cetero cessent a dicti conviviis faciendi sub poena scutorum vigintiquinque locis piis applicando arbitrio eundem Reverendissimi Domini vel ordinarii loci, sed --------- poterunt darem elemosinas dictis presbiteris --------- et in vigilia nativitatis Domini nostri Iesu Cristi solent in eodem loci praedicti confratres conveniri et ibi collatione facere ac de elemosinis sibbi factis elemosinis pauperibus et miserabilis erogare.

Nepi, Santa Croce, resti dell'affresco della crocifissione da me ritrovato nel 1992.
[...] et depicta alia imago sanctissimi Crucifissi cum imagine santissimis Virginis et Sancti Johannis Evangelisti [...]
Foto anno 1992, Arch. Massimo Soldatelli. Archivio personale.

Nepi, Santa Croce, resti dell'affresco della crocifissione da me ritrovato nel 1992.
Particolare del panneggio che avvolge i fianchi del Cristo.
Foto anno 1992, Arch. Massimo Soldatelli. Archivio personale.

Dominus mandavit quod de cetero praedicta collazionem non faciat sub pena scutorum decem locis piis applicando arbitrio

(foglio 18)

dicti Reverendissimi Domini sed benem poterunt miserabili bus personis erogare.

Soluunt --------- confratres in dies iovis sanctis post ora vigesima quarta convenire in dicta Ecclesia Santae Crucis et in media pavimenti praedicta Ecclesia ponet una tabulam cum tabellea in qua poniunt placentam vinum et aquam et hoc facto venit predicator qui predicavit in Ecclesia Catthedrali et facit sermonem populo et confratribus et facto sermonem prior praedictae societatis lavat pedis omnibus confratibus et hoc facto praedictus prior societatis accipit praedictam placentam et eaque frangenda in pluribus partis et unicumque consigniat aliquem particulam quod in die iovis sancti et ibi faciunt collationem cum fedibus unispassis et postea bibent vinum et aquam et praedicta societas nullum habet introhitum sed omnem quod spendunt est de introhitibus ut dixit reverendissimus dominus archipresbiter hospitalis Sanctae Crucis.

Dominus mandavit praedictis priori et confratibus quod infra duos dies deferant inventarium omnia bonorum mobilium et immobilium praedictae societatis et quod deferant libros introhitum et exitum cumque capitula et ordinationes.

Dominus mandavit priori et confratibus quod infra duo menses reparent solei praedicti oratorii.

Reverendissimus Dominus vidit et visitavit una cameras praedictae Ecclesiae Sanctae

(foglio 18,verso)
Crucis in quibus habitat Reverendissimus Dominus Archipresbiter satis diu. Reverendissimus Dominus vidit et visitavit hospitalem Sanctae Crucis prope paedictae Ecclesiae Santae Crucis in quo sunt tres camere seu ac habitationes in una de ipsis erant quinque cubilias cum quinque anadetoriis seu mataratiis cum quatuor staminibus et quinque copertis vetustis et due lintaminibus non satis decentes et in camera infrascripta habitat hospedalarius que servet pro coquina habebant dictis hospedalariis aliud cubilia cum uno mataratio uno stamine cum duobus lintaminibus erant duo anaglateria et una coperta et in alia camera erant duo anaglateria seu mataralia aliis decensiore que conservant pro peregrinis infirmis recipiendis --------- bona conditiones. Ad presens in praedictis cubilibus sunt tres infirmi et praedicta cubilia sunt destinata pro recipiendis pro regulis tam infirmis quam sanis praedicti hospitali habet de introhitibus annuatim sexaginta scuta pro ut retulit Camillus Carosus nepesinus factor praedicti hospitalis. Dominus mandavit Vallantino de Vallarano prior praedicti hospitalis et societatis confallonis et Camillo Carosi et Franchino Egidii --------- nepesinis factoribus

(foglio 19)
praedictis hospitalis quod infra duos dies deferant libros introhiti et exiti et inventarium omnia bonorum mobilium et immobilium sub pena scutorum decem locis piis applicando arbitrio Reverendissimi Domini vel ordinaris loci.

La chiesa rimane con la stessa conformazione almeno fino al 1618, anno della Visita Pastorale del Vescovo Dionisio De Martinis Vescovo di Nepi e Sutri dal 1616 al 1627[55]. L'unica modifica rispetto al XVI secolo, è rappresentata dalla costruzione di un altare al disotto dell'immagine di Sant'Antonio precedentemente nominata.

L'edificio all'inizio del XVII secolo manifesta dei segni di scarsa manutenzione, infatti, il Vescovo, nel resoconto della sua Visita, riporta che le finestre mancano di adeguata chiusura e che il tetto, oltre a non fornire un buon riparo dalla pioggia, aveva anche problemi statici in alcune sue travi. Queste informazioni sullo stato della copertura testimoniano per la prima volta la presenza di un tetto a vista probabilmente sorretto da capriate. Lo stato d'incuria denunciato, potrebbe anche rappresentare una crisi economica della Confraternita in parte già evidenziatasi alla fine del XVI secolo. Nel 1579, infatti, Alessio Stradella, Vescovo di Nepi e Sutri dal 1575 al 1580, chiede alla Confraternita del Gonfalone dell'ospedale di Santa Croce, di impegnarsi con uno stanziamento permanente e contribuire così al finanziamento del nuovo Seminario. La Confraternita del Gonfalone, tramite il suo priore, fa sapere in data 25 ottobre 1579 che, considerate le entrate, le esigenze della manutenzione dell'ospedale e l'assistenza gratuita ai malati, non era in grado di assumersi alcun onere.[56]

55 Archivio Diocesano di Sutri, fondo Vescovi, sezione Dionisio DE MARTINIS(1616-1627), busta n. 10, *Visita Pastorale Generale di Nepi e Sutri,* anno 1618, fogli 31v, 32

56 Archivio Storico del Comune di Nepi, *Libro dei Consigli n. 15,* fogli 209, 210.

Quella riportata qui di seguito è la trascrizione integrale, del testo riguardante la chiesa di Santa Croce, della Visita Pastorale Generale di Nepi e Sutri anno 1618 redatta dal Vescovo Dionisio De Martinis.

SHEDA DOCUMENTARIA n° 7

Archivio Diocesano di Sutri, fondo Vescovi, sezione Dionisio DE MARTINIS(1616-1627), busta n. 10, *Visita Pastorale Generale di Nepi e Sutri*, anno 1618, fogli 31v, 32

Ad Ecclesiam Sancte Crucis cuius archipresbiter et rector est Reverendissimus Dominus Iustinianus Tollius.

Ad altare maius -------- provvideri de carta -------- et altare portatili incastrari et provvideri de pallio -------- et presentim cum altare in titulus Ecclesiae.

Altare Sancti Leonardi est de familia Marcii Salomoniis -------- Mandatum in eo non cilibrari et interdiscit a divinis -------- fuerit provvitus de necessariis, et ampliatus altare cum iis exiguunt.

Altare Sancti Antonii est ereduus quondam Marcii et Nicolai Sansoni et alios desunt candelabra cum cruce carta -------- altare portatile tabularia et alia parumenta nicissaria interdiscit a divinis dona fuerit provvisus de omnibus necissariis.

Altare Sancti Caroli est Ecclesiae. Habet paratus devastatus, caret altare portatile carta -------- et cruce. Adiit supradictum altare fenestra non aptata, ex qua aqua posset plane ingredi supradictum altare. Mandatum provvidero de omnibus necessari interim interdiscit a divinis dona fuit provvistus et -------- non cilibrari.

Ad pavimentus Ecclesiae adsunt sepulcra -------- Angili Greca et alterus Bernardinae Onufriae et alios mandatum provvideri de hospertoriis infra duos mensis, alias mandatum murari.

Quoad tectus mandatum custodiri ad pluvia et quotiamo adest trabes qui minatur incrinare. Mandatus alias poni infra tres mensis, alios sequestrari fructus.

Quoad fenistras mandatum fieri impannatas cum tillariis et olis curatis et parietis incollari -------- et custodiri ab hordinitate libros mortuaris et matrinonialis --------.

3. EVOLUZIONE DELL'EDIFICIO DALLA SECONDA META' DEL XVII SECOLO (1666) AL SECONDO QUARTO DEL XVIII SECOLO (1728).

VI Fase costruttiva - Secondo quarto del XVIII secolo (1726 -1728).

Questa fase costruttiva si sviluppa lungo il corso di due anni dal 1726 al 1728 rappresenta il primo stadio della trasformazione settecentesca della costruzione, insieme alla successiva, protrattasi in un lasso di tempo più ampio dal 1742 al 1751, si può considerare la continuazione del progetto di trasformazione dell'edificio formulato nel XVII secolo e iniziato nel 1666 con lo spostamento dell'altare maggiore e conseguente riduzione della lunghezza della navata.

Sono state analizzate in modo separato in quanto non hanno una continuità temporale, si riscontra un'interruzione dei lavori che si protrae per tredici anni probabilmente per problemi legati all'acquisizione della proprietà dell'Oratorio della Confraternita del Gonfalone, ma perseguono un unico progetto compositivo come è dimostrato dall'analisi metrologica e geometrico proporzionale, la chiesa alla fine di questi lavori nel 1751 assume la forma armonica oggi visibile con pianta a croce greca.

L'Inventario del 1757, che riporto imtegralente nella scheda documentaria n°8, descrive con precisione tutti i lavori svolti. Nel 1726 viene costruita la cappella dedicata a San Pasquale Bajlon,[57] sulla destra della navata. Insieme alla costruzione di questa, all'esterno, si costruisce un muro di recinzione che arriva fino alla parete nord, isolando una porzione di terreno a sud della chiesa. Il dislivello tra la quota del terreno che circonda l'edificio e la piazza antistante la facciata, viene colmato con l'apporto di terra. Si viene a creare così un terrazzamento che interra tutta la parte inferiore dell'abside e la parete sud. Questo terrazzamento, molto probabilmente, va a coprire il cimitero che si trovava ad una quota inferiore in modo da poter sfruttare questo terreno in maniera diversa. Nell'Inventario infatti, viene nominato come "*[...] sito ad uso d'orto [...]*". Lo stesso spazio nel 1845 però era di nuovo destinato ad accogliere il cimitero della parrocchia.[58] Anche nell'edificio abbaziale di Castel Sant'Elia, il cimitero è posto lungo la fiancata sud della chiesa.

La prova che la costruzione del terrazzamento sia avvenuta in questo momento è data dall'Inventario del 1757. In esso è riportato che nel 1750 era necessario costruire una nuova sacrestia per l'umidità che era presente nella vecchia[59]. La sacrestia infatti dopo la costruzione del terrapieno aveva la parete sud e la est, come ancora oggi visibile, a contatto diretto con la terra. Questa toccando direttamente la muratura senza nessuna protezione trasmetteva l'umidità del terreno alla struttura muraria.

Dopo la costruzione della cappella di San Pasquale Bajlon, la chiesa fu consacrata dal Vescovo di Nepi e Sutri Vincenzo Vecchiarelli il 20 marzo 1728; come testimonia la lapide posta alla sinistra della porta d'ingresso della chiesa.

---

57 Archivio della Parrocchia di S. Silvestro, *Inventario, anno 1757,* foglio 3v.
58 RANGHIASCI BRANCALEONI, G. , op. cit., p. 38.
59 Archivio della Parrocchia di S. Silvestro, *Inventario, anno 1757,* foglio 7.

Nepi, Santa Croce, lapide posta sulla sinistra dell'ingresso della chiesa a ricordo della sua consacrazione.
Foto anno 1992, Arch. Massimo Soldatelli. Archivio personale.

I_(n)_ **N**_(omine)_ **D**_(omini)_ **A**_(men)_
A_(nno)_ **D**_(omini)_ **MDCCXXVIII die XX Marty Ill**_(ustrissi)_**mus**
et R_(everendissi)_**mus D**_(ominus)_ **Vincentius Vecchiarellus**
Ep_(iscop)_**us Nep**_(esinu)_**s et Sut**_(rinu)_**s Ec**_(c)_**l**_(esi)_**am hanc**
et Alt_(are)_ **maius in hon**_(orem)_ **S**_(anctissimae)_ **Crucis**
D_(omini)_ **N**_(ostri)_ **I**_(esu)_ _(Chris)_**Xpti consec**_(ravit)_ **et dedicavit**
et Reliquias S_(anctorum)_ **Aurely Lucentis et Fulgentiae**
Mart_(iirum)_**in eodem Alt**_(ari)_ **inclusit ac diem XXVII**
mensis Iuly cuiuslibet anni pro die Ann_(iversa)_**ria dictae**
Conseo_(rationi)_ **s statuit ip**_(s)_**amq**_(ue)_ **visitan**_(tibus)_ **XXXX**
dies de Vera Indulgen_(tia)_ **in Fo**_(rm)_**a Eccl**_(esi)_**ae cons**_(ueta)_ **concessit.**

DOCUMENTI D'ARCHIVIO.

Il documento fondamentale per la conoscenza delle varie modifiche che vengono apportate all'edificio dal 1666 al 1757 è l'Inventario dell'anno 1757 redatto da Giorgio Melata Arciprete di Santa Croce e Rettore della Chiesa di San Biagio. Nel 1666[60] la chiesa subisce una grande ristrutturazione. Viene spostato l'altare maggiore dal fondo dell'edificio verso il centro della navata e costruito un muro dietro di esso in modo da ricavare uno spazio da adibire a sacrestia. Con questa trasformazione la curva absidale non è più visibile dalla navata della chiesa e la stessa si accorcia sensibilmente. Questa è la prima grande variazione dell'edificio, la prima fase del progetto in seguito realizzatosi con la costruzione delle cappelle laterali. Formando così una pianta a croce greca.

Nel 1726 viene costruita la cappella dedicata a San Pasquale Bajlon, sulla destra della navata, eretta a spese di Valerio Lojali da Mugnano.[61] Anche il campanile subisce grandi modifiche che lo trasformano completamente. La torre campanaria antecedente, probabilmente crollata, viene mutata in un campanile a vela. La chiesa così trasformata, con la sola cappella di San Pasquale Bajlon e la sacrestia ricavata alle spalle dell'altare maggiore, viene consacrata dal Vescovo di Nepi e Sutri Vincenzo Vecchiarelli il 20 marzo 1728 come riporta, oltre all'Inventario,[62] la lapide posta sulla sinistra della porta d'ingresso.

Tutte le modifiche strutturali subite dall'edificio, fanno presupporre che la chiesa abbia passato un periodo di abbandono e di degrado, già denunciato nella Visita Pastorale del 1618.

La consacrazione sancisce così una sorta di rinascita della chiesa di Santa Croce.

SHEDA DOCUMENTARIA n° 8

Archivio della Parrocchia di S. Silvestro, *Inventario,anno1757*, fogli 1 – 10v.

IN NOMINE DOMINI . AMEN
INVENTARIUM
1757

(**foglio 1**)

Catasto ossia inventario di tutti li beni spettanti alle venerabili Chiese parrocchiali di S.Croce col titolo di Arcipretura e di S. Biagio col titolo di Rettoria canonicamente unite di questa città di Nepi dalla chiara memoria del cardinale Orazio Morroni Vescovo di Nepi e Sutri lì 24 novembre I592 come appare in cancelleria generale Vescovile di Nepi per l'atti di Enea Sansoni in quel tempo Cancelliere al quale fu fatto il presente catasto ossia inventario da me Giorgio Melata moderno Arciprete e Rettore delle suddette Chiese parrocchiali alla presenza di testimoni e periti insiememente qui sottoscritti in questo anno I757 correndo il decimo ottavo del possesso delle suddette Chiese,sicchè dunque questo è l'inventario ossia catasto di tutti li beni mobili, stabili, semoventi, azzioni e pesi di qualunque sorte come anche sue notizie delle prefate chiese da me diligentemente ritrovate. E principiando dalla chiesa parrocchiale di S.Croce, la suddetta chiesa posta dentro questa Città di Nepi

---

60 Archivio della Parrocchia di S. Silvestro, *Inventario, anno 1757,* foglio 1v.
61 Archivio della Parrocchia di S. Silvestro, *Inventario, anno 1757,* fogli 3, 3v.
62 Archivio della Parrocchia di S. Silvestro, *Inventario, anno 1757,* fogli 5, 5v.

avanti la piazza di S. Croce confinante verso mezzogiorno con li beni di detta chiesa cioè con un sito ad uso d'orto presentemente in infiteusi perpetuo con la casa Salamoni in oggi signor Abbate Alessandro Salamoni di questa Città di Nepi come apparisce nel catasto generale di tutti li beni ecclessiastici fatto dal q. Domenico Balada Commissario Generale deputato dalla beata mano di Mons. Fra Dionisio della Torre

(**foglio 1v**)

con beneplacido Apostolico l'anno 1619 come per instromento rogato dal q. Teodoro Salamoni notaio pubblico nepesino il 27 aprile di detto anno esistente in questa Cancelleria Generale Vescovile di Nepi; verso tramontana colli beni, cioé con un sito ad uso d'orto del signor Ludovico et altri de Pisani, verso ponente il venerabile ospidale. La qual Chiesa nell'anno 1666 dalla venerabile Compagnia del Gonfalone eretta in detta Chiesa fu risarcita in parte nelle mura e rifatto tutto il tetto di novo, e nel 1751 è stata imbiancata dalla medesima Compagnia. In detta chiesa vi sono tre altari cioé l'altare maggiore con il quadro rappresentante la Pietà nel medesimo vi è il tabernacolo ossia il ciborio ove si conserva di continuo il Sacramento con lampada di continuo accesa nel detto altare vi sono quattro candelieri di ottone alti un palmo e mezzo l'uno con suoi cartocci parimenta di ottone fatti per quanto ho potuto scoprire dalla antidetta Compagnia del Gonfalone con sua croce di legno in parte dorata esistente sopra detto ciborio con suo crocifisso d'ottone. Il detto altare è premonito con due tovaglie, una di tela casareccia buona, altra usata con due sottotovaglie fatte dalla Compagnia con suo corame usato per coprire l 'altare, carta gloria in principio e lavabo con cornice parte dorata sua scalinata per li candelieri a tre gradini colorita bianco e turchino con sua cornice dorata sei fiori di pezza grandi con suoi vasi fatti a pero sopra in argentati, un paliotto di legno dipinto a pietre, e sua cornice dorata a colletta sua predella d'arbuccio con sue cornice d'intorno e dalli lati di detto altare vi sono due mensole per l 'ampolle. Il suddetto ciborio esistente in detto altare è di legno dipinto a turchino con sue svenature simile alla scalinata ed in parte dorato con suo sportello tutto dorato con sua serratura e due chiavi cioé una

(**foglio 2**)

d'argento con suo fiocco di seta cremisi guarnita con oro, altra di ferro sopra dorata parimente rosso, ed il suddetto al di dentro è foderato di lama d'oro con sua tendina avanti allo sportello ricamata ad oro e seta con il nome di Gesù in mezzo e dietro allo sportello al di dentro con tre spighe di grano riportate a oro, e argento con le seguenti parole "ECCE PANIS ANGELORUM" il tutto fatto da me. In detto ciborio vi si conservano due pissidi una grande tutta d'argento di capacità circa 500 particole, altra piccola con coppa solamente d'argento e piede d'ottone sopra dorato di capacità 130 particole fatte dalla venerabile Compagnia suddetta. Le medesime hanno due vesti per ciascheduna cioé una di broccato usata, altra di lama d'argento guarnita d'oro, la picciola una di ricamo a oro e seta altra di taffettano guarnita d'argento fatte da me. La pisside grande è di valuta 28 la piccola di 7,50 come risulta nel libro ad esito di detta Compagnia. Il detto ciborio è coperto con suo conopeo per ogni giorno di lanicciola e seta fatto a striscioni di vari colori con frange ad intorno di seta gialla. Vi sono poi tre altri conopei, cioé uno di damaschetto bianco, altro di taffettano rosso, altro di seta, e lanicciola pavonaccio tutti guarniti con la frangia fatti da me. In detto altare vi è un bicchierino ossia tazza di boemia con suo coperchio simile e sotto un piattino di stagno per purificare le dita come ancora altri due candelieretti d'ottone per la messa e sua scaletta per il messale fatti da me. Dietro a detto ciborio e rispettivamente sotto l'antidetto quadro della pietà in detto altare vi è un ovato tondo, che corrisponde nella vecchia sagrestia con un ovato di legno intagliato,e sopra in parte dorato fatto il tutto a spese della Compagnia.

(foglio 2v)

In cornu evangeli di detto altare vi è un credenzino a muro con sopra la presente inscrizione " OLEUS INFIRMORUM " dove vi è dentro un vasetto d'argento con dentro l'olio santo per gli infermi. Essendo detto vasetto dentro una scatola di legno foderata di seta a vari colori e poi una borsa di damasco pavonazzo con suo cordone per portarla al collo guarnita a oro, come anche altra scatola di latta, che serve per raccogliere la bambace o stoppa per dare detto sacramento all'infermi, parimente con sua borsa di raso pavonazzo, detto credenzino è foderato di taffettano pavonazzo con suo sportello, serratura, e chiave, e fiocco di seta pavonazza alla chiave intrecciato d'argento, il tutto fatto da me eccettuato il vasetto. In cornu epistole in detto altare vi è il sacrario per gettare le ceneri con suo sportello.

Sopra delle due porte che conducono nella sacrestià vecchia vi sono due credenze fatte nel muro, adornate con pittura con l'arma del Gonfalone, al disopra vi è una cartella che dice " RELIQUIE SANCTORUM " con suoi sportelli, serratura, e chiave, in una delle quali vi si conserva un reliquiario d'argento fatto a forma d'ostensorio con serafini d'intorno con suo piedistallo di legno dorato dove vi sono le seguenti reliquie. Il legno della Santissima Croce, il velo della Madonna Santissima, di S. Giovacchino, di S. Anna, di S. Giuseppe, S. Pietro Apostolo, S. Elisabetta madre di S. Giobatta, S. Maria Maddalena, e Santa Susanna vergine e martire con sua autentica, fatto detto reliquiario dalla Compagnia, ed è di valuta circa 24.

Nell'altra conservasi altro reliquiario di rame in argentato ed in parte dorato con piede di legno parimente sopradorato di valuta circa 7

(foglio 3)

con cassa di legno nel quale si conservano le seguenti reliquie cioé del legno della Santissima Croce e di S. Pasquale Baylon.

Altro reliquiario di legno tutto dorato, cioé un angelo e sopra la testa una stella con dentro la reliquia di S. Biagio vescovo e martire come anche altre reliquie da me procurate, cioé S. Tolomeo Antiocheno, e S. Romano nepesino vescovi e martiri protettori di questa Città, s. Luigi Gonzaga, S. Francesco -------- S. Prudenziana vergine e martire, S. Vincenzo Ferreri, S. Pio vescovo, S. Maria Maddalena penitente, S. Margherita di Cortona, S. Nicolò di Bari, S. Egidio Abate, S. Caterina vergine e martire, S. Lucia vergine emartire, e S. Anastasio Abate. Nelli due pilastri dell'altare suddetto vi sono due cornucopi di legno coloriti a turchino, con suoi intagli in parte dorati con sua lampada di vetro,una delle quali di continuo arde avanti il SS. Sacramento a spese del curato, l'altra per le feste principali vi è la scaletta con tre gradini di legno per accendere la lampada, ed ad un lato di detto altare vi sono due smorza candele con sue canne per commodo dell'altari. A mano dritta verso mezzogiorno vi è la cappella di S. Pasquale Baylon eretta a spese del quondam Valerio Lojali da Mugnano lavorata con buoni stucchi in oggi detta cappella vien posseduta dalli signori Brunetti ceduta dal mio antecessore signor Liberato Lazzari col consenso del suddetto Lojali, con suoi onori e pesi, rappresentando il quadro l'immagine di detto Santo. La suddetta cappella è premunita con 6 candelieri a croce di legno dorati usati, carta gloria in principio e lavabo ordinario, una tovaglia di tela casareccia con suo merletto due sotto tovaglie di tela ordinaria e suo copritore di tela colorito a striscie sua predella

(foglio 3v)

di legno centinata, e scalinata con due gradini col suo ciborio con serratura e chiave colorito a pietra. Nella medesima cappella vi sono due finestre con sue ferrate, vetrate e tele gialle per il sole, sopra dette finestre vi è l'arma del predetto Lojali, quale cappella fu fatta nell'anno 1726, e sopra l'arco di detta cappella vi è il cartellone contornato di stucchi con la presente iscrizione " PARASTI IN CONSPECTU MEO MENSAM " la festa di detto Santo non si fa, solo due anni in tempo mio è stata fatta colla sua novena, e poi si sono straccati, e non so il perchè; nella detta cappella vi sono messe 12 all'anno et un anniversario, come meglio si narra in tabella et libro delle messe. A mano sinistra verso tramontana viè la cappella di S. Anna e S. Luigi Gonzaga fatta da me, la medesima è fatta di buoni stucchi, e parte dorata con suo cupolino per il lume coll'arma di mia casa sopra delle due finestre finte, quale cappella in oggi, e sempre sarà della mia casa Melata per aver fatta io tutta la spesa, e come meglio risulta da una ---------- de fratelli della Compagnia tenuta sotto il 28 dicembre 1742 per la concession del sito, e come anche per decreto di Monsignor Silvestri allora nostro Vescovo emanato in Sagra Visita sotto il dì 28 novembre 1748 esistente in cancelleria vescovile per l'atti dell'illustrissimo Domenico Savi Cancelliere Generale, al quale --------- , per la qual cappella da me è stato speso ---------379,30 , come tutto risulta da un registro di tutte te spese appresso me --------- qual cappella è provveduta di ogni necessario,cioé sei candelieri con croce di legno

(foglio 4)

dorati cartaglorie con sua cornice dorata, cioè quattro grandi, e due piccoli, e questi per ogni giorno, il corame novo per coprire l'altare, una tovaglia di cambrugia con suo merletto, e due sottotovaglie di tela casareccia, con suo incerata sopra della pietra sagra, scalinata a due gradini colorita a pietra, suo ciborio con chiave e dentro foderato color di perla, scaletta per il messale, alli lati di detto altare due mensole per l'ampolle color di pietra e due cornucopii alla moda di legno intagliati, e sopra dorati, con suo lampadino di ottone à gettito, quali si accendono da me nelle feste ed in altri giorni. La medesima cappella poi è premunita di altre suppellettili per le feste, il tutto esistente appresso di me in mia casa per uso di detta cappella. In mezzo a detta cappella vi è la sepoltura per me fatta fare da me per quando Iddio mi chiamarà da questa ad altra vita e per tutti della mia casa, che vorranno in quella essere seppelliti con sua iscrizzione di marmo, intrecciata alli lati l'arma della casa, et è la seguente" D.O.M. R.D. GIORGIUS MELATA NEPESINUS HUIUS PAROCHIALIS ECCLESIAE S. CRUCIS ARCHIPRESBITER, NEC NON RECTOR S.BLASIJ, IN HONOREM S. ANNAE, B. MARIAE VIRGINIS, MATRIS, ET DIVI ALOISII GONZAGAE SOCIETATIS JESU CAPPELLAM A' FUNDAMENTIS EXTRUXIT, MORTIS MEMOR PRO SE, ET PRO SUIS DE FAMILIA MELATIS SEPULCRUM HOC VIVENS CONDIDIT ANNO IUBILAEI 1750 " sopra dell'arco di detta cappella vi è il tabellone contornato di stucchi colla presente iscrizzione, " MULIEREM FORTEM QUIS INVENIET? INVENTUS EST SINE MACULA " e la predetta cappella fu fatta nell'anno 1750. Il quadro poi rappresenta S.

(**foglio 4v**)

Anna in gloria co' Maria Santissima bambina in braccio, alli piedi e poi S. Luigi in ginocchione. In detto altare da me si fa la festa di S. Luigi con tutta proprietà colle sei domeniche antecedenti con la novena nove giorni prima della festa coll'esposizione del Santissimo Sacramento essendovi l'indulgenza plenaria si per le domeniche, e giorno della festa ,e siccome la festa di detto S. Luigi è lì 21 giugno, da me per indulto si fa la domenica infra ------- con messa et offizio proprio. La festa poi di S. Anna in detto altare la fa, et è obbligato a farla la Compagnia ogni anno tutta a sue spese come festa antica della chiesa con obbligo fare cantare primi e secondi vespri messa cantata, e tutte le messe, che si possano avere per l'anime de benefattori dello spidale, vi sono dell'obblighi in detto altare, come meglio dalla tabella e libro delle messe. Nella detta chiesa vi è eretta la venerabile Compagnia del Gonfalone aggregata a quella di Roma come dal breve in carta pergamena esistente nella vecchia sagrestia suddetta emanato lì 16 dicembre 1610. Dalla medesima Compagnia viene amministrata la zienna del venerando ospidale per gli infermi et ha l'infrascritti obblighi. Deve fare celebrare tutte quelle messe che si potranno avere con fare far l'invito generale dal sagrestano della Compagnia per il ·giorno di S. Anna, e giorno susseguente ogni anno con primi e secondi vespri e messa cantata,

(**foglio 5**)

e listesso obbligo ritiene la medesima Compagnia nel giorno festivo di S. Croce lì 14 settembre titolare di detta chiesa col giorno immediatamente seguente 15 detto con primi e secondi vesperi, e messa cantata come meglio in tabella esistente nella sagrestia et in cancelleria vescovilie di questa città il tutto per l'anime de benefattori dell'ospidale, e detta Compagnia ha la manutenzione nella predetta chiesa con l'obbligo in tutti i giorni mettere cerra nell'altari si di S. Anna, che nell'altare maggiore e tutt'altro per celebrare le suddette feste nelli giorni suddetti. E' obbligata parimente la suddetta compagnia dare la cerra per l'offizio nella settimana Santa, cioé mercoledì, giovedì, e venerdì Santo, e processione del sepolcro il venerdì santo, per l'offizio, e la messa nel giorno dei morti, come ancora somministra la cerra per il Santissimo viatico all'infermi dell'ospidale, et è tenuta dare le vesti bianche per accompagnare ------- all'infermi della città. Primieramente detta Compagnia faceva celebrare le messe anche lì 3 maggio e giorno seguente per l'Invenzione di S. Croce sono dell'anni, che non si fanno dire, non si è potuto sapere la causa, e perciò pongo la presente notizia per sola memoria. Detta chiesa parrocchiale di S. Croce fu consacrata dalla Beata Mano di Monsignor Vincenzo Vecchiarelli Vescovo di Nepi e Sutri il dì 20 marzo 1728, et il suo anniversario di detta

(**foglio 5v**)

Consagrazione è stato trasferito per lì 27 luglio, ed ogni anno dalla Compagnia si celebra il suo anniversario a sue spese con primi e secondi vesperi e messa cantata con messe basse, come meglio risulta dalla suddetta tabella, e per memoria di detta Consegrazione si pone qui registrata l'iscrizzione in marmo esistente a pié di detta chiesa cioé

"ANNO DOMINI 1728 DIE 20 MARTII ILLUSTRISSIMUS ET REVERENDISSIMUS DOMINUS, VINCENTIUS VECCHIARELLI EPISCOPUS NEPESINUS ET SUTRINUS' ECCLESIAM HANC ET ALTARE MAJUS IN ONOREM SS. CRUCIS DOMINI NOSTRI JESU CHRISTI ET DEDICAVIT ET RELIQUIAS SANCTORUM AURELII, LUCENTII, ET FULGENTIAE MARTIRUM IN EODEM ALTARI INCLUSIT, AC DIEM 27 MENSIS IULII CUIUSLIBET ANNI PRO DIE ANNIVERSARIA DICTAE CONSECRATIONIS STATUIT IPSAMQUE VISITANTIBUS QUADRAGINTA DIES DE VERA INDULGENTIA IN FORMA ECCLESIAE CONSUETA CONCESSIT, UT EX INSTROMÈNTO ROGATO PER ACTA ------- EGIDII CALDERONI CANCELLARI GENERALI EPISCOPIS NEPESINI"

e tutta la spesa suddetta per la consagrazione la fece la detta Compagnia. In detta chiesa a mano dritta vicino altare maggiore vi è un confessionario d'albuccio dipinto a radica d'olivo per sentire le confessioni un ginocchiatoio

(**foglio 6**)

d'albuccio in mezzo alla chiesa un banco con suo ginocchino d'albuccio con sua serratura e chiave due banchi senza appoggio assai usati. Un capobanco che spetta alla Compagnia. A piede della chiesa per tenere l'acqua benedetta due conchiglie di marmo una fatta da me e la altra dalla Compagnia, sopra la porta della chiesa vi è il telone di tela color giallo con 5 fiocchi, e suo sopraporta fatto a spese mie e della Compagnia per riparare il sole alla detta porta vi è anche la sua bussola di legno per l'inverno fatta dalla Compagnia. Detta chiesa si ritrova nel corpo quattro fenestre tutte con suo ferro e tela turchina per riparare il sole, ve ne erano solamente tre, una ne ho fatto aprire io a mie spese cioé quella sopra la porta della nova sagrestia per dar lume all'altare maggiore. Sopra la porta di detta chiesa vi è la cantoria depinta a vari colori fatta dalla Compagnia quale ha l'ingresso per il campanile, con sua porta, serratura e chiave.

(foglio 6v)

La chiesa predetta si ritrova in buonissimo stato, ultimamente fu fatta imbiancare come già dissi dalla Compagnia insiememente anche la facciata e sopra detta facciata vi è una croce di ferro fatta dalla Compagnia; detta chiesa è a tetto, ma in bonissimo stato, il pavimento ammattonato, vi sono undici sepolture, nove di peperino e due di travertino, quale chiesa resta capace per 600 persone incirca. Nella sagrestia vecchia vi è una cassa spettante alla Compagnia con dentro le vesti bianche per li fratelli, due crocefissi grandi per le processioni uno usato antico, altro moderno con suo gabbione di ferro per la benda, due lanternoni dorati per le processioni la tabella dove sono notati li fratelli della Compagnia, il breve dell'aggregazione della compagnia a quella di Roma un leggio di legno il triangolo per offizio della settimana Santa, un arazzo perforato, un tavolato con seditori che forma coro et una fenes-

(foglio 7)

tra grande con sua ferrata di ferro, vetrata, e fusti per dare il lume alla detta stanza, et una tavola longa assai usata, che serve per l'apostoli il giovedì santo a sera. Prima di entrare nella nova sagrestia vi è il campanello che si sona quando esce la Santa messa e sopra la porta della medesima vi è il ferro per porvi la sua portiera fatto da me. La predetta nova sagrestia è stata fatta da me con avermi dato un poco d'aiuto la Compagnia benchè Monsignor Vescovo decretasse in sacra visita, che fosse fatta tutta a spese della Compagnia per cagione dell'umido nella vecchia in detta sagrestia vi è un credenzone d'albuccio colorato color di noce con suoi sportelli e predella con dentro quattro spartimenti per conservare li paramenti sagri conservandosi di presente cioé: una pianeta nova di dobletto pavonazzo con tutti i suoi finimenti fatta a spese della Compagnia per ordine di Monsignor Vescovo altra di dobletto negro con suoi finimenti fatta da

(foglio 7v)

me, e dalla Compagnia altra di robetta rossa seta e capicciola usata con suoi finimenti altra di striscione a tutti i colori seta e capicciola con suoi finimenti fatta da me, guarnita d'oro di Germania, altra di calamandra usata con suoi finimenti altra di damasco verde in buonissimo stato con crine d'oro alla moda rimodernata da me con suoi finimenti. Un pluviale di damaschetto bianco guarnito d'oro alla moda, quale guarnizione fatta da me, un ombrelletto di damaschetto con sua saccoccia di tela gialla, un incensiero d'ottone con sua navicella sopra in argentato, due lampioni di latta da portarsi a mano da due fratelli con la veste per accompagnare il Santissimo viatico fatti da me due messali di vivi novi, uno fatto da me l'altro dalla Compagnia, due messali di morti parimente, uno fatto da me, altro ritrovato, un baldacchinetto che serve per posare il Santissimo Sacramento nella casa dell'infermo un camice di cambraia fatto da me con suoi finimenti, un baldacchino di damaschetto con frangia ad intorno

(foglio 8)

di bavella di Bologna gialla di color bianco fatto da

me e dalla Compagnia che serve per la comunione alli infermi con quattro aste colorite rosse, due sciugamani di tela casareccia colli lacci per lavare le mani fatti da me un velo -------- di taffettano romanesco con crine d'oro d'intorno con suoi lacci dentro una scatola et una poarvetta da prete. Sopra detto credenzone vi è un gradino con quattro credenzini tre con serratura altro senza in uno vi si conserva il calice d'ottone con patena e cappa d'argento sopra dorato e scatola per l'ostie nell'altro vi è la borsa col corporale, e chiave per il tabernacolo la chiave del credenzino dell'olio, santo. E due canestrini che servono per li purificatori, nel terzo due rituali, uno novo fatto da me, altro usato due libri, cioé il Volfi et il Pacciarelli per commodo nell'assistere all'infermi moribondi, un aspersorio d'ottone, un ferro per fare le particole, nel medesimo spartimento con

(**foglio 8v**)

dentro purificatori di tela numero 40, otto fazzoletti per l'ampolle 8 corporali con palle e merletto all'intorno quattro de quali fatti da me, come li suddetti purificatori e fazzoletti, il quarto cassettino serve per tenere li purificatori sporchi sopra il medesimo vi è una croce con piede di legno dietro detta croce vi è un quadro rappresentante S. Anna, quale prima stava in chiesa e la Compagnia faceva la festa di S. Anna con esporre in chiesa sull'altare detto quadro la Madonna Santissima, Gesù Bambino e S. Giuseppe. Dalli due lati del credenzone vi sono due genuflessorii d'albuccio coloriti color di noce a distar del credenzone con sue carte preparatorie, e due libretti incatenati fatti da me per commodo dei sacerdoti per la preparazione alla S. Messa. Il credenzone suddetto e genuflessorii -------- sono stati fatti dalla Compagnia, ma li ferramenti sono stati pagati da me, et anche alcune tavole date al mastro per detto credenzone.

In detta sagrestia vi è un capo banco con due serrature, a due chiavi, che serve per tenere la cerra.

(**foglio 9**)

Una credenza d'albuccio usata, quale prima serviva per li paramenti nella vecchia sagrestia, da me fatta ripolire, e datoli il colore, serve per commodo, e dentro vi sono alcune cosette per uso della chiesa.

Una cassa d'albuccio con serratura, e chiave, dentro della medesima vi è cotta, sottana, e berretta.

Un lampione di latta dorato, e figurato con sua asta per la communione all'infermi in un lato di detta sagrestia tre stole, una bianca per la communione, due pavonazze, cioé una per confessare, altra per assistere alli morbondi.

Una conchiglia di marmo per tenere l'acqua benedetta fatta da me.

Il piattino di stagno fatto da me, con due ampolle di cristallo, e campanello per la messa, sopra una mensoletta fatta da me per tenere dette ampolle.

Un sciugamani di tela attaccato, con suoi lacci per lavare le mani.

Il suo lavamani di pietra con sua chiave d'ottone, con il presente motto " ABLUE CUIUS MANI -------- DIVIENE SACERDOS,

(foglio 9v)

QUID LAVATE MANUS PRODERIT HANC ANIMA" il tutto fatto da me. Una croce d'ottone con sua asta di legno per li morti. Una tabella, dove sono natati tutti li obblighi delle messe, che è tenuto, il curato a celebrare, come anche il venerabile ospidale, e casa Brunetti, quali obblighi in questo a suo luogo saranno da me diligentemente notati. La medesima sagrestia è premonita di una buona porta con serratura e chiave, e li fusti coloriti color di radica d'olivo, vi sono due finestre con sue ferrate di ferro, vetrate e suoi sportelli, come anche sue tele bianche con suoi ferri per riparare il sole, le tele fatte dalla Compagnia, e li ferri fatti da me. La predetta sagrestia e suffittata a suffitto rustico questo bensì è stato svenato col freggio ad intorno dalla Compagnia.

Detta chiesa parrocchiale ha due buonissime campane, una grande di libre 466 con sua iscrizzione ad intorno con quattro figure, cioé la Santissima Croce, la Beata Vergine Maria, S. Antonio di Padova, e S.Filippo Nerio, la qual campana, é stata rifondata di nuovo tutta a spese della Compagnia

(foglio 10)

collo spendere ------- 50 e fu fatta qui in Nepi da Sante Marini Campanaro romano, e fu gettata lì 10 ottobre 1740 in una stalla dietro al vescovato per esservi in quella stalla fatta la sua fornace, e lì 22 ottobre di detto anno fu posta sul campanile, dove di presente si ritrova senza essere stata benedetta, non trovandosi qui in Nepi Monsignor Vescovo. L'altra picciola di libre 140 incirca con l'iscrizione ad intorno " LORENZO LOJALI DA MUGNANO " con figure ad intorno rappresentanti la Beatissima Vergine Maria la Santissima Croce, S. Pasquale, e S. Pietro D'Alcantera donata la predetta campana dal suddetto Lojali alla chiesa di S. Croce, e cappella di S. Pasquale, quale campana è stata benedetta dalla Beata Mano di Monsignor Vincenzo Vecchiarelli Vescovo di Nepi e Sutri lì 26 maggio 1727 come di presente le predette campane ambedue si conservano nel campanile di detta chiesa, e danno un bellissimo sono,

(foglio 10v)

la chiesa parrocchiale di S. Croce, e la chiesa parrochiale di S. Biagio ambedue di questa città di Nepi erano prima separate, e dalla Beata Mano del Cardinal Orazio Morroni Vescovi di Nepi, e Sutri lì 24 settembre 1592 furono unite assieme, come il tutto costa in Cancelleria Generale Vescovile di Nepi per l'atti di Enea Sansoni, allora Cancelliere Generale al quale rimando e detta unione fu fatta dal detto Vescovo, perchè due curati restavano di congrua miserabile, e ciò per giusta causa si mosse a fare detta unione come meglio apparisce in detti atti alli quali (rimando).

RESTITUZIONE IPOTETICA DELL'EDIFICIO DALLA SECONDA META' DEL XVII SECOLO (1666) AL SECONDO QUARTO DEL XVIII SECOLO (1728)

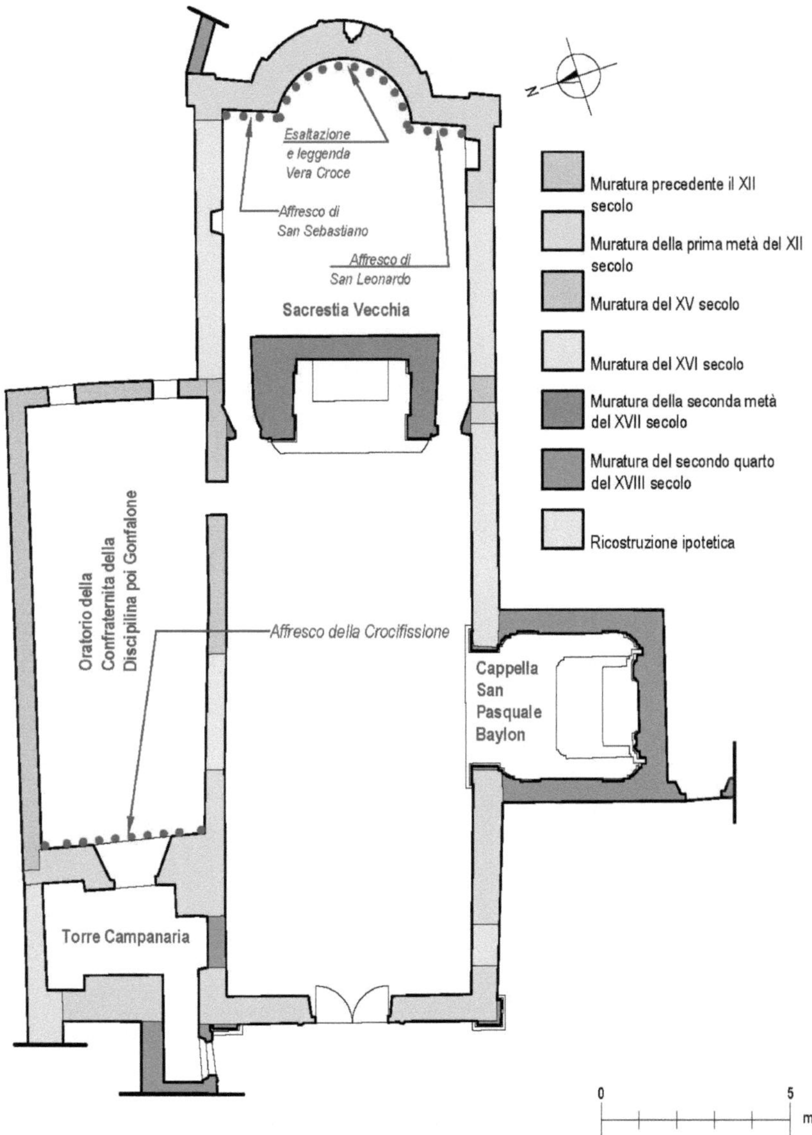

4. EVOLUZIONE DELL'EDIFICIO DAL SECONDO QUARTO DEL XVIII SECOLO (1728) ALLA SECONDA META' DEL XVIII SECOLO (1751).

VII Fase costruttiva: dal 1728 al 1751.

Questa fase di costruzione costituisce, come detto in precedenza, il completamento del progetto di ristrutturazione iniziato nel 1666 e proseguito nel 1726 con la costruzione della cappella di San Pasquale Bajlon. Dopo il 1728, anno della consacrazione, l'edificio rimane immutato fino al 1748 quando ha inizio la costruzione della cappella dedicata a Sant'Anna e San Luigi Gonzaga. Con l'edificazione della cappella di Sant'Anna e San Luigi Gonzaga e la successiva costruzione della sacrestia "nuova", erette a spese dell'allora Arciprete di Santa Croce Giorgio Melata, l'edificio assume la forma con la quale è giunto fino a noi.

Il 28 dicembre 1742[63] in una loro riunione i confratelli della Confraternita del Gonfalone concedeno il proprio Oratorio per la costruzione della cappella dedicata a Sant'Anna e San Luigi Gonzaga.

Nel 1748[64] il vescovo emana il decreto che da il via ai lavori della cappella e nel 1750[65] essa è portata a termine. La parte restante dell'Oratorio viene adibito a sacrestia: sarà chiamata sacrestia nuova.

La nuova cappella costruita dall'Arciprete per lui e per i suoi familiari, come riporta la lapide posta nel pavimento della cappella, occupa una parte cospicua dell'Oratorio della Confraternita del Gonfalone è posta sullo stesso asse della cappella di San Pasquale Bajlon con identiche dimensioni e forma con qualche piccola differenza negli stucchi che ornano l'altare e la cornice che ospitava l'immagine dei santi ai quali è dedicata.

L'Oratorio della Confraternita, subisce in tal modo un totale sconvolgimento. Si viene a creare un spazio residuale dove è ancora visibile in parte, al disopra di quella che era l'originaria porta d'entrata, l'affresco rappresentante la Crocifissione descritto nella Visita Apostolica del 1574.[66] La restante parte dell'Oratorio viene occupata dalla nuova sacrestia, la cui costruzione, come riporta l'inventario, fu decretata, insieme a quella della cappella di Sant'Anna e San Luigi Gonzaga, dal Vescovo Giacinto Silvestri nella visita del 28 novembre 1748.[67] La costruzione di una nuova sacrestia, ha come conseguenza che la vecchia rimane inutilizzata e viene concessa alla Confraternita del Gonfalone. In tal modo la Confraternita che aveva ceduto il proprio Oratorio, acquisisce questo spazio e lo utilizza per le sue necessità in occasione delle più importanti festività religiose[68].

Sempre nell'Inventario del 1757, l'Arciprete riporta che nel pavimento della chiesa erano presenti undici sepolture, oggi probabilmente coperte dall'attuale pavimento, nove di peperino e due di travertino. Riporta anche che nel corpo della chiesa, vi erano quattro finestre, attualmente visibili di cui una, quella sopra la sacrestia nuova, aperta dallo stesso Arciprete per dare più luce

---

63 Archivio della Parrocchia di S. Silvestro, *Inventario, anno 1757,* foglio 3v.
64 Archivio della Parrocchia di S. Silvestro, *Inventario, anno 1757,* foglio 3v.
65 Archivio della Parrocchia di S. Silvestro, *Inventario, anno 1757,* foglio 4.
66 Archivio Pontificio Vaticano, Sacra Congregatio Episcoporum et Regularium, sigla VR n. 17°, *Visitatio Nepesina. Visita Apostolica anno 1574,* fogli 17, 17v.
67 Archivio della Parrocchia di S. Silvestro, *Inventario, anno 1757,* foglio 3v.
68 Archivio della Parrocchia di S. Silvestro, *Inventario, anno 1757,* foglio 6v.

all'altare maggiore[69]. Nel 1751[70] la chiesa viene *"imbiancata"* a spese della Confraternita. L'ultimo lavoro in ordine di tempo di cui si ha notizia dall'Inventario è quindi l'"imbiancatura" della facciata[71], del campanile e della cappella Sant'Anna e San Luigi Gonzaga.

69 Archivio della Parrocchia di S. Silvestro, *Inventario, anno 1757,* foglio 6.
70 Archivio della Parrocchia di S. Silvestro, *Inventario, anno 1757,* foglio 1v.
71 Archivio della Parrocchia di S. Silvestro, *Inventario, anno 1757,* foglio 1v.

5. EVOLUZIONE DELL'EDIFICIO DALLA SECONDA META' DEL XVIII SECOLO (171) AL XXI SECOLO.

VIII Fase costruttiva: dal 1751 al XXI secolo.

L'unica grande opera di manutenzione dopo il XVIII secolo avviene nel 1886, quando fu risistemato il tetto, rifatto parte dell'intonaco e tinteggiata la chiesa. La data di questo rifacimento è visibile ancora oggi in quanto scritta con calce bianca sulla parete est sopra l'abside. Probabilmente con l'intonaco ancora fresco e prima della tinteggiatura alcuni operai che lavoravano sul monumento, particolarmente fieri di aver contribuito con il loro lavoro alla sistemazione della chiesa, hanno impresso con calce viva la data 1886 sulla parete. La successiva tinteggiatura aveva coperto la scritta, ma la colorazione nel succedersi dei decenni si è attenuata fino a scomparire ed è riapparsa la data marcata sull'intonaco.

Negli anni '50 del novecento, la necessità d'ampliamento del primo piano dell'ospedale porta alla costruzione di alcuni vani addossati alla parete del campanile. Viene costruito un solaio in cemento e laterizio che congiunge l'ospedale alla parete del campanile, tale solaio poggia su un muro che va a congiungersi con la muratura del XV secolo dell'Oratorio. I vani al primo piano sono utilizzati come spazi dell'ospedale, l'ambiente che si viene a creare a piano terra viene utilizzato come magazzino. Gli ambienti al primo piano comunicano direttamente con la chiesa attraverso una porta che immette in un piccolo spazio creato con un muro staccato di circa 1 metro dalla parete del campanile. Questo ambiente era utilizzato per suonare le campane della chiesa. Da esso attraverso un'altra porta si arriva direttamente sulla cantoria della chiesa posta al disopra della porta d'ingresso.

Nel 1961, una piccola porzione del tetto, particolarmente malridotta, fu ristrutturata per interessamento personale del parroco Don Silvestro D'Orazi a spese della parrocchia.

Lo stato d'incuria ed abbandono della chiesa è cominciato proprio a metà degli anni'60 quando la chiesa non fu più utilizzata e addirittura ceduta a privati come magazzino di materiale edile.

Nel 1970 crolla il tetto della sacrestia "nuova".

Il 7 maggio 1980 la capriata centrale della navata cede facendo crollare così parte del tetto della chiesa. La copertura del campanile era distrutta già da tempo.

Oggi le due capriate rimaste nella navata sono marcescenti. Le travi che sorreggono la copertura della sacrestia vecchia danno segni di cedimento, un'incurvatura verso il basso prelude al crollo. Alcune lesioni sono visibili sulla parete est, sulle pareti della sacrestia nuova e sulla parete del campanile, una grande pianta di sambuco (*Sambucus nigra)* cresce rigogliosa all'interno della sagrestia nuova e minaccia di far crollare le due pareti nord e est della stessa.

RESTITUZIONE IPOTETICA DELL'EDIFICIO DALLA SECONDA META' DEL XVIII SECOLO (1751) AL XXI SECOLO

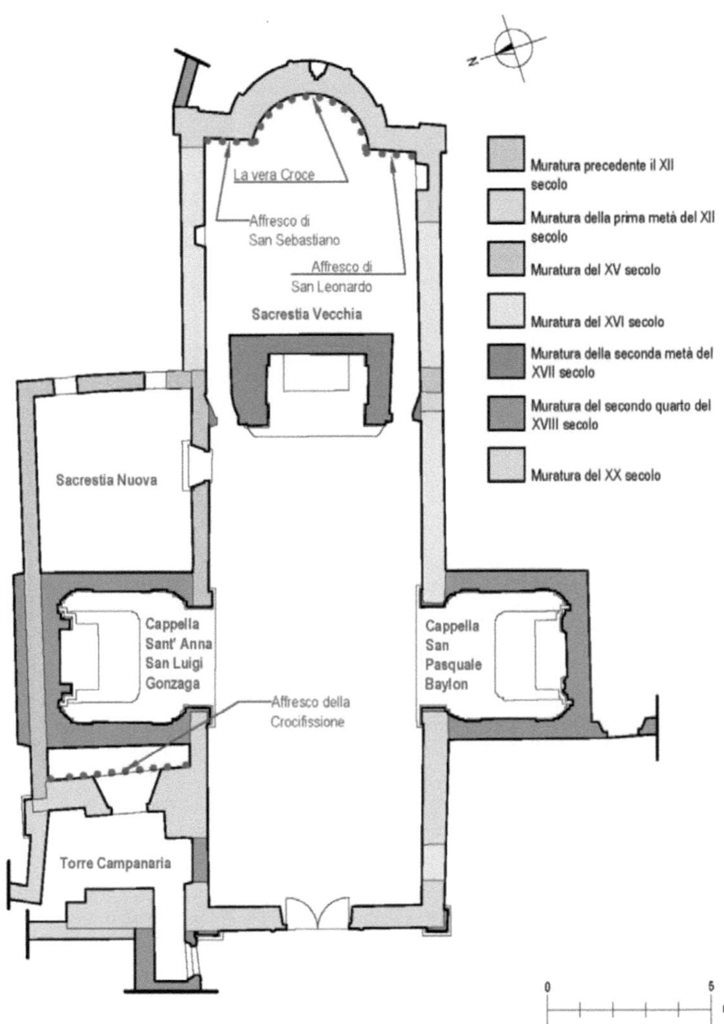

Nepi, Santa Croce, Cappella San Pasquale Bajlon, altare e partiicolare della soluzione d'angolo degli stucchi della cappella. I colori sono quelli originali del 1726

Foto anno 1992, Arch. Massimo Soldatelli. Archivio personale.

Nepi, Santa Croce, Cappella Sant'Anna e San Luigi Gonzaga, altare e particolare del lanternino.
Solo gli stucchi del lanternino sono nei colori originali del 1751.

Foto anno 1992, Arch. Massimo Soldatelli. Archivio personale.

INDICE

Printed by Books on Demand GmbH, Norderstedt / Germany